ORHAN PAMUK

1. BASKI Can Yayınları 1992 (0-3.000)
2. BASKI Can Yayınları 1992 (3.001-6.000)
3. BASKI Can Yayınları 1993 (6.001-9.000)

İletişim Yayınları 343 • Çağdaş Türkçe Edebiyat 35
ISBN 975-470-503-8

4. BASKI Temmuz 1995, İstanbul (9.001-12.000)
5. BASKI Ocak 1998, İstanbul (12.001-15.000)
6. BASKI Ocak 2001, İstanbul (15.001-16.000)
7. BASKI Kasım 2002, İstanbul (16.001-17.000)
8. BASKI Eylül 2005, İstanbul (17.001-18.000)

KAPAK TASARIMI Hakkı Mısırlıoğlu
KAPAK FİKRİ Orhan Pamuk
KAPAK FOTOĞRAFI *Gizli Yüz* filminden bir kare
KAPAK Utku Lomlu
DİZGİ Remzi Abbas
UYGULAMA Suat Aysu
DÜZELTİ Hüsnü Abbas
BASKI ve CİLT Sena Ofset

İletişim Yayınları
Binbirdirek Meydanı Sokak İletişim Han No. 7 Cağaloğlu 34122 İstanbul
Tel: 212.516 22 60-61-62 • Faks: 212.516 12 58
e-mail: iletisim@iletisim.com.tr • web: www.iletisim.com.tr

ORHAN PAMUK

Gizli Yüz

SENARYO

iletişim

ORHAN PAMUK 1952'de İstanbul'da doğdu ve *Cevdet Bey ve Oğulları* ve *Kara Kitap* adlı romanlarında anlattığına benzer bir ailede, Nişantaşı'nda büyüyüp yetişti. New York'ta geçirdiği üç yıl dışında hep İstanbul'da yaşadı. Liseyi Robert Koleji'nde bitirdi, İstanbul Teknik Üniversitesi'nde üç yıl mimarlık okudu, 1976'da İstanbul Üniversitesi Gazetecilik Enstitüsü'nü bitirdi. Çocukluk ve gençliğinde ressam olmayı hayal eden Pamuk 1974'den başlayarak düzenli bir şekilde yazı yazmayı kendine iş edindi. İlk romanı *Cevdet Bey ve Oğulları* 1979'da Milliyet Yayınları Roman Yarışması'nı kazandı. Üç kuşak İstanbullu bir tüccar ailesini hikâye eden ve 1982'de yayımlanan bu kitap 1983 Orhan Kemal Roman Ödülü'nü de aldı. Aynı yıl ilk baskısı çıkan *Sessiz Ev* ile 1984 Madaralı Roman Ödülü'nü ve bu kitabın Fransa'da çıkan çevirisiyle de 1991 Prix de la découverte européenne'i (Avrupa Keşif Ödülü) kazandı. 1985'de yayımlanan ve Venedikli bir köleyle bir Osmanlı âlimi arasındaki ilişkiyi anlatan tarihî romanı *Beyaz Kale* Pamuk'un ününü yurt içinde ve yurt dışında genişletti. *New York Times* gazetesinin "Doğu'da bir yıldız yükseldi" sözleriyle karşıladığı bu kitap, belli başlı bütün Batı dillerine çevrildi. 1990'da yayımlanan *Kara Kitap*, karmaşıklığı, zenginliği ve doluluğu yüzünden çağdaş Türk edebiyatının üzerinde en fazla tartışılan ve en çok okunan romanlarından biri oldu. Pamuk'un 1991'de Rüya adını verdiği bir kızı doğdu. Ömer Kavur'un yönetmenliğini yaptığı *Gizli Yüz* filminin senaryosunu Pamuk 1992 yılında kitaplaştırdı. 1994'te yayımlanan ve esrarengiz bir kitaptan etkilenen üniversiteli gençleri hikâye ettiği *Yeni Hayat* adlı romanı Türk edebiyatının en çok okunan kitaplarından biridir. 1998'de yayımladığı Osmanlı nakkaşlarının hayat ve sanatları üzerine *Benim Adım Kırmızı* adlı tarihî romanı olağanüstü bir ilgi gördü. Aynı kitap 2001 yılında yayımlandığı pek çok yabancı ülkede yılın en iyi yabancı kitabı olarak karşılandı. Pamuk, gençliğinden beri tuttuğu defterler, dergi ve gazetelere yazdığı yazılar, denemeler, eleştiri yazıları, röportajlar ve gezi notlarından yaptığı titiz bir seçme ile daha önce yayımlanmamış "Pencereden Bakmak" adlı uzun hikâyesini 1998'de *Öteki Renkler* başlığıyla kitaplaştırdı. Son romanı *Kar*, sadece Türkiye'de değil tüm dünyada büyük bir ilgiyle karşılandı. *Kar*, kısa sürede 20 dile çevrildi ve yayımlandığı tüm ülkelerde best-seller listelerinde yer aldı. *İstanbul* adlı son kitabı, yazarın 22 yaşına kadarki hatıraları ile şehir hakkındaki duygu ve düşüncelerinin yaratıcı bir toplamı. Orhan Pamuk'un kitapları otuzun üzerinde dile çevrildi ve bütün dünyada iki milyona yakın sattı.

Binlerce binlerce sır bilinecek
O gizli yüz gösterince kendini

Feridüddin Attar

Şehirler Şehri

Tıkırdayan iri bir duvar saati.
Jenerik.

Gece. Şehirler Şehri İstanbul'un görüntüsü.
Gecenin laciverdi içerisinde camilerin, gemilerin, sarayların, arabaların ışıkları: Masalımsı bir görüntü...

FOTOĞRAFÇI, HİKÂYESİNE BAŞLIYOR

Jenerik sürerken, yalnızca bir ses, yorgun, kederli bir ses, anlatır...

FOTOĞRAFÇI: (Ses) Bana bir hikâye anlat diyorsunuz... Olur, size bir hikâye anlatayım, ama kalbimi açabilir miyim, bilmem... Ne zaman bir hikâye anlat deseler ağaçları düşünüyorum... Rüyamdaki ağaçları... Bir zamanlar bir hikâye anlatmıştım, kalbimi açmıştım... Ama yalnız ben değildim anlatan. Herkes bir hikâye anlatıyordu... Ben de, neden bilmiyorum, ağaçları düşlüyordum... Ama o zaman gençtim... Hayır, ben artık delikanlı değilim.

Görüntüde fotoğrafçı... Erken yıpranmış yirmi yaşlarının sonunda bir genç... Üstü başı dağınık, tıraşsız, hüzünlü, ama büsbütün keyifsiz değil... Ağır, kalın bir perdenin önünde belki bir pavyonda, belki bir eğlence yeri ya da benzeri bir mekânda oturuyor. Böyle yerlere alışık olduğu belli... İlgiden, hikâye anlatmaktan memnundur. Kederle, hüzünle, inanarak anlatır, ama bir mizah duygusu da vardır...

FOTOĞRAFÇI: Delikanlılığım çok gerilerde, anlatacağım hikâyenin başlangıcında kaldı... O zamanlar gençtim, ateşliydim, babama kafa tutmuştum... Aklım İstanbul'da okumaktaydı... Önce İstanbul'da, sonra okumakta... Babamın sözünü dinlemedim, ayrıldım... O da harçlığımı kesti... Bir akrabamın yardımıyla bu işi buldum... Pavyon fotoğrafçılığının bir meslek olacağı aklımın ucundan geçmezdi. Babamla en fazla altı ayda barışırız diye düşünüyordum. Hayır, altı ay sonra babam değil, esrarengiz bir adam aradı beni... Sonraları uşak olduğunu öğrendiğim bu adam, beni şehrin arka sokaklarında bir eve götürdü... Orada bir kadın... hoş ve güzel bir kadın, benden pavyonlarda, içki masalarında çektiği fotoğrafları getirmemi istedi... Her sabah... Fotoğrafları neden istediğini söylemedi. Bu iş karşılığında iyi para teklif etmişti. Kabul ettim.

Görüntüde Fotoğrafçının getirdiği fotoğraflara bakan kadının eli gözükür. Bir bir fotoğrafları karıştırır.
Pavyonlarda çekilmiş fotoğraflar...
Kederli, hüzünlü yüzler...
İçki içen bıyıklı erkekler...
Karanlık ya da boş suratlar.
Masaların çevresinde toplanmış sayısız erkek...
Tuhaf tuhaf duranlar, çatık kaşlılar, anlamsızca gülenler, kameraya yan bakanlar, kadeh kaldıranlar, dertliler...
Birbirine benzeyen, benzemeyen erkek yüzleri...

FOTOĞRAFÇI: (Ses) Bütün gece fotoğraf çektikten, resimleri banyo ettikten sonra, sabaha doğru küçük odamda azıcık kestirir, sonra yola koyulurdum. Şehrin yeni uykudan uyandığı puslu sabahlarda çıplak kestane ağaçlarının altından yürürken kadının fotoğraflarda ne aradığını düşünürdüm.

Hareket halindeki bir araçtan görülen kestane ağaçları, ağaç dalları, ağır ağır, sessizce akar...

FOTOĞRAFÇI: (Ses) İki yıla yakın sürdü bu... Her sabah tutkuyla elimdeki fotoğrafları kapıp masasına oturur ve resmini çekmiş olduğum yüzlere uzun uzun bakardı... Hakkında tek bildiğim, babasıyla çektirdiği bir çocukluk fotoğrafıydı... Yıllar sonra ne aradığını anlamıştım.

KADININ EVİNDE

Büyük bir duvar saati tıkırdar. Sabah.
Geniş ve boşça bir odada Kadın, masasında, Fotoğrafçı ters yönde, karşısında bir kanapede, oturuyorlar.
Kadın otuzbeş yaşlarında, bakımlı...
Fotoğrafçının kendisine getirdiği fotoğrafları inceliyor. Bazılarını ayırıyor, büyüteçle inceliyor, bazılarını da önemsemeden bir kenara koyuyor.
Yaptığı işte neredeyse ustalaşmış, hızla hareket ediyor. Makasla bir fotoğraftan bir yüzü kesiyor. Sigarasını içiyor.
Kanapede oturan Fotoğrafçı, bir yandan dalgınlıkla bir albümü karıştırıyor, bir yandan da göz ucuyla Kadını izliyor.
Fotoğrafçının bakışı duvardaki çerçevelenmiş bir resme takılır.
Fotoğrafta kırklarında at pantolonlu bir adam ve on yaşlarında küçücük bir kız, altmışlı yılların bir Amerikan arabasının önündedirler... Arkada iri, etkileyici bir ağaç...

Kadın, fotoğrafları bir pulcu dikkatiyle inceler. Elinde sigara.

Bir fotoğrafa takılır, gülümser.

KADIN: Bu adamın yüzü o kadar boş ve acıklı ki hemen anlaşılıyor: Üç çocuğu olmalı... Çocuklar sabah akşam dövüşürler... Adam da rüyasında bahçeli bir ev görür.

Başka bir fotoğrafa geçer... Bıkmış gibidir. Sonra daha başka bir fotoğrafa...

Bir başka resmi incelerken birden etkilenir. Resmi büyüteçle dikkatle inceler.

Fotoğrafçı, Kadının değişik bir yüz bulduğunu sezer...

Kadın masasından kalkıp pencereye gider, günışığında resmi bir daha inceler.

KADIN: Başka fotoğrafları var mı bu adamın?

Fotoğrafçı, çantasından bir deste fotoğraf çıkarır, Kadına yaklaşır.

FOTOĞRAFÇI: Hepsi burada...

Fotoğrafçı, destenin içinden bir başka fotoğrafı seçip Kadına uzatır.

Üç kişi vardır bu fotoğrafta. Kadeh tokuşturan üç erkek.
Soldaki, yüzü anlamlıca olanı, Kadının ilgisini çekmiştir.

KADIN: Başka?

FOTOĞRAFÇI: Yok, başka çekmedim.

KADIN: (Sinirli) Niye?

FOTOĞRAFÇI: Ötekiler gibi bir yüz...

Kadın oturur. Fotoğraftaki yüze dikkatle bakar.

KADIN: Değil... Yüzü bir hikâye anlatıyor... Anlamlı bir yüzün hep bir hikâye anlatacağını söylerdi babam...

FOTOĞRAFÇI: Kim bu adam?

KADIN: Bilmiyorum... (Dalmıştır) Ama sanki yıllardır onu tanıdığımı hissediyorum.

Kadın, sevimli bir havayla sorar.

KADIN: Bana onu bulabilir misin?

FOTOĞRAFÇI: (Şaşırmıştır) Garsonu tanıyorum... Sorarım.

Kadın memnun, gülümser. Yeniden fotoğrafa bakıp dalar...

KADIN: Başka fotoğraflarını da çek... O olduğuna iyice emin olmak istiyorum.

Fotoğrafçı çıkar.

Kadın yeniden fotoğraftaki yüze bakar. Aklına bir şey gelmiştir.

Hızla yürüyüp sokak kapısını açar.

Merdivenlerden inmekte olan Fotoğrafçıya seslenir.

KADIN: Hayatta en çok ne istediğini sor ona...

Kadın kapıyı örter.

Yalnız kalınca sanki düşsel bir havaya bürünür.

Kendi kendine oyun oynayan küçük bir kız gibi, kendi kendine mırıldanarak konuşur.

Bir şey hatırlıyordur sanki.

KADIN: Rüyalarında ne gördüğünü sor... Rüyaların tamamlanıp tamamlanmadığını... Yoksa unutuyor mu? Rüyalarında yüzler siliniyor, karışıyor mu? Hatırlıyor, kendisi olabiliyor mu?

MEYHANEDE

Fotoğrafçı, Beyoğlu sokaklarından geçer.
Bir meyhaneye girer.
Alıştığı bir mekânda bulunmanın rahatlığı içinde arkaya doğru gider, mutfağa girer.
Mutfakta bir aynanın karşısında Şişman Garson tıraş olmaktadır. Yüzü köpük içindedir.
Solda bir ahçı patates soyar.
Fotoğrafçı, Şişman Garsona sokulur.

FOTOĞRAFÇI: Ustura kullanıyorsun.

Garson, gözünü aynadan ayırmaz.

GARSON: Bir kere jilet kullanayım dedim, köpüğün altından bir başkasının yüzü çıkacak sandım. Hah ha... Usturamı tam otuzbeş yıldır terketmedim. O da bana ihanet etmedi hiç... Bak, bak... Altından kendi yüzüm çıkıyor.

Fotoğrafçı, çantasından fotoğrafını çıkarır ve Saatçinin yüzünü işaret eder.

FOTOĞRAFÇI: Tanıyor musun bunu?

Garson, göz ucuyla bakar.

GARSON: Hayır.

Fotoğrafçı, bu sefer fotoğraftaki öteki adamı işaret eder.

FOTOĞRAFÇI: Bunu?

GARSON: Niçin soruyorsun? (Bir sessizlik) Benim hanımın hemşehrisi o... Belediye otobüsünde şoför...

FOTOĞRAFÇI: Hangi hatta?

GARSON: Eyüp-Eminönü.

EYÜP-EMİNÖNÜ OTOBÜSÜNDE

Fotoğrafçı, oturduğu otobüs koltuğundan şoför mahalline doğru bakar.

Dikiz aynasında şoförün görüntüsü... Yol boyunca evlerin, eski yapıların, atölyelerin görüntüleri...

Fotoğrafçı, şoföre sokulur, fotoğrafı gösterir.

Şoför ilk önce algılamaz, ama sonra tanır fotoğraftaki kişiyi.

ŞOFÖR: Sen çektiydin bunu...

FOTOĞRAFÇI: Bu arkadaşı arıyorum... Cüzdanını unutmuş.

ŞOFÖR: Unutur, dalgındır... Saatçidir.

FOTOĞRAFÇI: Dükkânı nerede?

ŞOFÖR: Durağa gelince gösteririm.

SAATÇİ DÜKKÂNI

Çamaşırlar asılı bir sokak. Yaşlı bir çınar ağacı, eski bir ev.

Fotoğrafçı, saatçi dükkânına sokulur.

Vitrinine bakar. İçerisini seçmeye çalışır.

Biraz tedirgin ve meraklı, kapıyı açarken, kapıya bağlı çan çalar.

Şaşırır. Saat tıkırtıları.

Tezgâhın önünde şık giyinmiş bir cüce, arkasında Saatçi vardır.

Saatçi onardığı saati müşterisine geri verir.

SAATÇİ: Eveet... Daima mutlu saatler göstersin size.

Cüce, köstekli saati kulağına dayar, mutlulukla dinler.

CÜCE: Çalışıyor!

SAATÇİ: Eski sesini de çıkarıyor mu?

CÜCE: (Memnun) Tam eski sesinin aynısı.

Cüce, özenle saatini yelek cebine yerleştirir, çıkar.

Çan sesi.

Saatçi, Fotoğrafçıyı görmüştür.

SAATÇİ: Hoşgeldin.

Fotoğrafçı, kolundaki saati çıkarır, tezgâha bırakır.

FOTOĞRAFÇI: Şuna bir bakar mısın?

SAATÇİ: Nesi var?

FOTOĞRAFÇI: (Uydurur) Bir derdi var, ama bilmiyorum.

Saatçi, bırakılan saati alır, hemen ustalıkla açar.

Parmakları beceriklidir. Bir tedirginlik...

FOTOĞRAFÇI: Artık saatler hiç bozulmaz diye düşünürdüm ben.

SAATÇİ: Neden?

FOTOĞRAFÇI: İnsan yapısı değil artık saatler.

SAATÇİ: Ama seninki insan yapısıymış. Dinle. (Saati Fotoğrafçıya uzatır.) Zemberek kurtulmuş.

Fotoğrafçı, saati ilgiyle dinler.

SAATÇİ: Nereden anladın bir derdi olduğunu?

FOTOĞRAFÇI: Öyle hissettim... Huzursuz ediyordu beni...

SAATÇİ: Herkes bu kadar hissedebilseydi, dünya bambaşka bir âlem olurdu... Hiç kimsenin akıl edemediği bir parça takacağım saatinin kalbine. Ne saatin, ne de sen huzursuz olacaksın artık.

Saatçi tezgâhtan kalkar. Dükkânın ayrı bir bölmesine geçer. Fotoğrafçı, dükkânı inceler; tedirgindir.
Saatler, saat tıkırtıları.
Bir biblo-saatin gösterişli sarkacına dokunur.

Saatçi, elinde bir parçayla iç bölmeden tezgâha döner.

FOTOĞRAFÇI: Huzurlu olmak için böyle bir dükkânda mı çalışmak lazım?

SAATÇİ: Sır dükkânda değil, saatlerin içindedir.

FOTOĞRAFÇI: Nedir bu sır?

SAATÇİ: Bilmiyorum tam ne olduğunu... Ama akşam dükkânı kapar eve giderim... Ev sessizdir. O kadar sessizdir ki dükkândaki saatlerin tıkırtı-

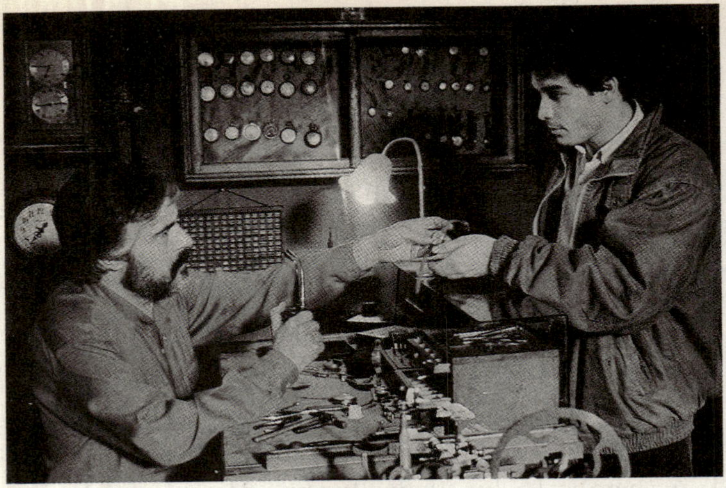

sını duyarım sanki... Kapıları kapayıp kepengi indirdikten sonra, karanlıkta saatlerin tıkır tıkır işlediğini düşünürüm. Hepsi, boş ve karanlık dükkânda, bir anda... Bu düşünce de huzurumu kaçırır delikanlı...

Saatin işi bitmiştir. Saatçi onu Fotoğrafçıya uzatır.

FOTOĞRAFÇI: Borcum?

Saatçi, yok anlamında omuz silker.

Fotoğrafçı, bir an cesaretlenir.

Kadının sorusunu hatırlamıştır.

FOTOĞRAFÇI: Hayatta ne olmasını istersin en çok?

Saatçi, bir an düşünür.

SAATÇİ: İnsanlara saatleri anlatmak isterdim...

Mekanizmaların inceliğini, yayların korkunçluğunu, çarkların karanlığını... Şimdi kimse saat nedir farkında bile değil... Belki bunun için insanlar kederli, belki bunun için hikâyelerini bile anlatmıyorlar... Akreple yelkovanın arkasında nasıl bir can vardır, hissetmiyorlar bile... İnsanlara saatlerin sırrını anlatabilmek isterdim... O zaman uykudan uyanır gibi dünyaya gözlerini açarlardı... Kederlerinden kurtulur, belki kendi hikâyelerini anlatabilirlerdi...

Fotoğrafçıyla Saatçi bir an gözgöze gelirler.
Saatçi, kendi araçlarına ve tezgâhına eğilirken, Fotoğrafçı dükkândan dışarı çıkar.
Kapının önünde bir iki adım atıp durur. Bir şey hatırlamıştır.
Fotoğrafçı, yeniden dükkâna girer.
Aceleyle saatçinin fotoğrafını çeker.
Flaşını bir daha patlatacakken Saatçi eliyle durmasını işaret eder.

FOTOĞRAFÇI: Sağol!

Fotoğrafçı çıkarken Saatçi kendi dünyasına dönmüştür bile. Kapının çanı!

FOTOĞRAFÇININ EVİ

Fotoğrafçı film banyo ediyor.
Eczalı küvette Saatçinin yüzü ağır ağır belirir.
Fotoğrafçı resmi küvetten çıkarır ve Saatçinin yüzünü dikkatle inceler.

Fotoğrafçı masasının başında bir mektup okumaktadır.

Mektubu katlayıp zarfına koyar.

Kederlidir.

KADININ EVİ

Evin genel görüntüsü.

Kadın, masasının başında, Saatçinin fotoğraftaki yüzüne bakmaktadır.

KADIN: Saatçi olduğunu biliyordum... Ancak bir saatçinin yüzü bu kadar tuhaf, şaşırtıcı olabilir. Her şey var bu yüzde: Keder, korku, aşk... Bir harita... Yanılmamışım.

Fotoğrafçı divanda oturmaktadır. Huzursuzdur. Kıskanır.

FOTOĞRAFÇI: Senin cinsinden hiç değil o!

KADIN: Bana onun rüyalarını bir daha anlat.

FOTOĞRAFÇI: (Sinirli) İnsanlara saatleri anlatmak istermiş... İnsanlar o zaman kederlerinden kurtulacak, hikâyelerini anlatabileceklermiş...

Kadın ayağa kalkar, dalgın yürür.

KADIN: Onun kelimeleriyle söyle.

Fotoğrafçı hatırlamakta zorlanır.

Kadın, evin saatli bölmesine doğru yürür.

FOTOĞRAFÇI: Onun kelimeleri yoktu sanki. Bazı insanlar vardır, hikâye anlatırlar sana. Eve döndüğünde kafan bu hikâyelerle doludur, ama adamın söylediği tek kelimeyi hatırlamazsın.

Kadın, saatin bulunduğu bölmede gözden kaybolmuştur.

Fotoğrafçı bunu farkeder. Meraklanır. O yöne doğru sessizce yaklaşır.

Saatin tok tıkırtısı.

Fotoğrafçı, bölmeyi dönünce Kadını bir yalnızlık anında yakalar.

Bir masanın üzerinde ilk defa gördüğü üç şey vardır: Bir ayna, bir ütü, bir lâmba.

Kadın, Fotoğrafçının bakışını görmüştür. Hafif utangaç; bir açıklama duygusu içindedir.

KADIN: Rüyalarımda ne güzel şeyler görüyorum... Ama sabah uyanınca hiçbirisini hatırlayamıyorum... Hatırlayabildiğim yalnızca bunlar... Bir ayna, bir ütü, bir lâmba...

Fotoğrafçı, anlamaya çalışarak masadaki rüya nesnelerine bakar.

KADIN: Gülüşü nasıldı?

FOTOĞRAFÇI: Kimin?

KADIN: Saatçinin!

FOTOĞRAFÇI: Kederliydi...

Pencereden dışarı bakar Kadın. İyice dalmıştır.

KADIN: Kederliydi, değil mi? (Birden toparlanır) Beni ona götür!

FOTOĞRAFÇI: Başka fotoğraflar da var, bakmayacak mısın?

KADIN: İki yıl birlikte aradık... Şimdi beni ona götür!.. Lütfen...

FOTOĞRAFÇI: (Kararsız) Şimdi mi?

KADIN: Şimdi!

Kadın çıkar.

Fotoğrafçı, çaresizdir, öfkelidir.

FOTOĞRAFÇI: Aradığın değil o!

MAVİ ARABANIN İÇİNDE

Kadının kullandığı 60'lı yıllardan kalma lacivert Amerikan arabası Tarlabaşı Caddesi'nden hızla ilerler.

Fotoğrafçı, dikiz aynasına asılı muskayı farkeder, inceler.

KADIN: Babam astı onu... Beni korusun diye... Tam yirmi yıl sonra bu arabayla bir yüz arayacağımı biliyordu çünkü... Babam, hep bir gün kasabaya döneceğimizi söylerdi... Bunu orada güzel Arap atlarına takarlarmış... Benim iyi ata binmemi isterdi hep.

Araba aynı hızla Eyüp'e yaklaşır.

İkisi de dalgındır şimdi.

FOTOĞRAFÇI: Evden mektup geldi... Babam hastaymış.

Bir sessizlik.
İkisi de sanki kendi dünyalarına gömülmüşlerdir. Kadın, kendi kendine konuşur gibi, açıklar.

KADIN: Birçok kere bütün o yüzlere neden baktığımı sana anlatabileceğimi düşündüm.

Bir ağaç görüntüsü. Dalları çıplak.
Araba hızla yol alır.

KADIN: İnsanlara bakınca anlatmak istiyorum... Sonra, ama anlatmak istemiyorum.

SAATÇİ DÜKKÂNININ AZ ÖTESİNDE

Mavi araba parke yollardan kıvrılarak saatçi dükkânının bulunduğu mahalleye girer.
Kadın, arabayı dükkâna otuz kırk metre kala yavaşlatıp karşı kaldırıma yanaştırır.
Bir sessizlik.

KADIN: Hangisi?
FOTOĞRAFÇI: (İşaret eder) İlerideki.
KADIN: (Telâşlı) Parmağınla gösterme.

Saatçi dükkânının önünden küfesiyle bir oduncu geçer.

FOTOĞRAFÇI: Şimdi oduncu önünden geçti. İşte orası.

KADIN: O mu?

Dükkândan deri ceketli bir adam çıkmıştır. Koluna saatini takar.

FOTOĞRAFÇI: Değil.

KADIN: Tabii değil.

Telâşından, şaşkınlığından özür diler gibi, Kadın gülümser.

Çantasında sigara paketini arar, bulur. Ağzına yerleştirdiği sigarayı, Fotoğrafçı, çakmağıyla yakar.

Kadın, sinirli, telâşlıdır.

İkisi birlikte sokağa bakarlar:

Tenha sokakta seksek oynayan iki kız.

Arabanın arka tarafından yaklaşan iki kişi konuşarak yanlarından geçerler.

İRİYARI ADAM: Kemerleri sıkmazsanız ben bu işte yokum, dedim.

UFAK TEFEK ADAM: Ağabey, kemerleri olduğunu ne biliyorsun?

İRİYARI ADAM: Sen ne diyorsun! Ben bu şehre ilk geldiğim gün otel odasında vallahi... yedi kişiyi... Sonra tabii derdini anlatabilirsen anlat.

İki adam, saatçi dükkânının da önünden geçerek uzaklaşırlar.

Fotoğrafçı, sabırsızlıkla arabanın radyosunu karıştırır: Başka dünyaları çağrıştıran müzik ve sesler.

KADIN: (Kuşkulu) Dükkânın o olduğuna emin misin?

FOTOĞRAFÇI: Eminim.

Gene bir sessizlik.

KADIN: (Sinirli) Acaba beni nasıl karşılar? Merhaba, nasılsınız? El sıkışacağız. Ona babamı anlatacağım. Ellerini bir daha anlatır mısın?

FOTOĞRAFÇI: (Baştan savma) İşini bilen eller...

KADIN: Gülüşü? Gülüşü nasıldı?

FOTOĞRAFÇI: Kederliydi.

Bir sessizlik.

KADIN: Sinirlerim bozuldu.

Arabanın arkasında, uzakta bir yerde bir eskici belirir.

ESKİCİ: Eskici... Eskiler alırım, eskici...

FOTOĞRAFÇI: Bak! O! İşte o!

Saatçi, dükkânından çıkmıştır.

Dükkânının kapısını kilitler.

KADIN: (Telâşla) Göremiyorum!

FOTOĞRAFÇI: O işte!

Saatçi, sokağın öbür yönünde yürüyerek uzaklaşır. Bir an durur. Ceplerinde bir şey arar. Sonra karar vererek yürür.

Saatçi, sokakta ağır ağır uzaklaşırken Kadın arabanın marşına basar.

İlk anda motor çalışmaz.

Kadın tekrar yüklenir.

Motor çalışır.

Araba kalkar, ağır ağır Saatçiye doğru yaklaşır.

Kadın da, Fotoğrafçı da çok heyecanlıdırlar.

Araba usul usul Saatçiye sokulur.

Saatçi kendisine yaklaşan arabayı hisseder.

Kendi dünyasındadır, ama bir an döner.

Kadının gözleri onun yüzündedir.

Saatçi bir an Kadına bakar ve önüne döner.

Kadının tutkulu ilgisini farkettiği için bir daha bakar Kadına.

Kısacık bir süre de olsa, Kadın, yıllardır aradığı yüzü ilk defa görmüştür.

Gözü yolda değil Saatçidedir.

Havalı bir kornanın şiddetli sesi!

Kırmızı bir kamyon karşılarına çıkmıştır.

Kadın direksiyonu sağa kırar, arabayı kamyondan zorlukla kurtarır.

Saatçi ise başka bir yöne sapmış, merdivenlerden uzaklaşmıştır.
Kadın ona yetişmek için arabayı hızlandırır.
Arabayı geçitin çıkış verdiği bir başka sokağa sürer.
Kimse yoktur orada...
Kadın bir an durur. Derin derin nefes alır.

KADIN: Kaybettik!

Arabayı vitese takıp hızlanır.
Yağmur çiselemeye başlamıştır.
Sileceklerin müziği.
Araba Haliç boyunca uzanan kıyı yolunda ilerler.

Kadın anılardan kopan duygulu bir sesle anlatır ve arabayı sürer.

KADIN: Babam, ben küçükken bazan birdenbire kayboluverirdi... Bazan oyun oynadığımız için kaybolurdu... Evin içinde bir yerde, bir köşenin arkasında buluvereceğimi düşünür, heyecanla arardım. Bazan da hiç haber vermeden kaybolurdu... O zaman, ilk başta oyun oynuyor diye düşünürdüm. Bir yere gizleniyor, demek oyun oynuyor, bir an önce bulayım...
Babam uzun boylu ve inceydi... Yüzü yumuşak, bakışları da kederli... (Gözleri nemlenir.) Ama her zaman öyle değildi... Yanlış bir şey yaptığımda kaşları çatılır, yüzünde her şey karışırdı. Öyle zamanlarda, bana çok kızdığı zamanlarda ortalıktan kaybolurdu. (Gözlerinden yaşlar akmaya başlar.)

Kızma baba, ne olur, derdim. Ata daha iyi bineceğim... Sıkı sıkıya yapışacağım... Eyerin üzerinde dimdik duracağım... Sen kaybolunca ben dayanamıyorum. Evin içinde saatlerce arar, kırk kere baktığım yerlere tekrar tekrar bakardım. (Ağlamaya başlamıştır artık.)
Neredesin baba, derdim. Çık artık ortaya. Bir daha yapmayacağım... Hava kararıyor, korkuyorum, gizlenme artık, istediğin gibi olacağım... Kızma bana, gizlenme artık... Benimle konuş, ne olur, ev boş, ne olur, ne olur...

HALİÇ SIRTLARINDA BİR YERDE

Araba belirsiz bir yerde, kenara çekilmiş durmuştur.
Bir ıssızlık. Yağmur çiseliyor.
Kadın hâlâ usul usul ağlamaktadır.
Fotoğrafçı çaresiz ona bakar.
Hafifçe sokulur, eli saçlarına gider.
Bir an durur, sonra okşamaya başlar.

FOTOĞRAFÇI: Ağlama, ağlama lütfen...

Kadın biraz toparlanır. Bir sessizlik.

KADIN: Çok susadım... Su getirir misin bana?
FOTOĞRAFÇI: Su mu?
KADIN: Su.

Fotoğrafçı çevreye bakar, bakkalı görür, arabadan iner.

Kadın, arabada yalnız, kendi düşüncelerine çekilmiştir.

Fotoğrafçı bakkala girmiştir.

FOTOĞRAFÇI: Su var mı?

BAKKAL: (İyi işitmez.) Anlamadım?

FOTOĞRAFÇI: Su! Su var mı?

BAKKAL: Var.

Fotoğrafçı, elinde su şişesi, bakkaldan çıkar.
Ama arabayla Kadın yoktur.
Fotoğrafçı boş yola bakar.
Bir yalnızlık, çaresizlik duygusu.

FOTOĞRAFÇI, EVİNDE

Fotoğrafçı, yatağına uzanmış, gözlerini tavana dikmiştir.

Saatçi dükkânındaki yüzlerce saatin tıkırtısı.
Saatlerin görüntüsü: Yapayalnız, karanlıkta tıkırdayan yüzlerce saat.

Sabah aydınlığında Fotoğrafçı uzandığı yataktan kalkar. Masaya geçer. Yeni çekmiş olduğu fotoğraflara bir süre bakar.
Dalgındır.
Birden kararla fotoğrafları toplar, deste yapar.

FOTOĞRAFÇI, KADININ BOŞ EVİNDE

Fotoğrafçı, Kadının evine girer hızla.

Aynı kararlılıkla merdivenlerden hızla çıkar.

Üst katlardan birinde iki hamal ağır bir dolabı oflaya puflaya aşağı indirmektedir.

Yanlarından geçerken Fotoğrafçının yüzünde bir an bir endişe belirir.

Açık kapıdan Kadının dairesine girer.

Şaşkınlık: Bomboştur Kadının dairesi.

Yerlerde, yüzlerce yüz fotoğrafı, gazete kesikleri...

Dergiler, albümler...

Fotoğrafçı, Kadının yok olduğunu tam kavrayamamıştır belki hâlâ... Yerdeki resimlere bakarak şaşkın dolanır.

Eğilip bir iki resme bakar, elinden atar.

Ortalığı toplayan kapıcıya sokulur.

FOTOĞRAFÇI: Nereye gitti, biliyor musun?

KAPICI: Hayır. Yirmi yıldan sonra iki günde çıktı.

FOTOĞRAFÇI: Eşyalar?

KAPICI: Her şeyi bu eskicilere satmış.

Fotoğrafçı, iç bölmedeki küçük masayı farkeder.

Masanın üzerinde aynı ayna, ütü ve lâmba durmaktadır.

Elinde çuvalıyla eskici girer. Bu üç nesneyi çabuk çabuk çuvalına doldurur, çıkar.

FOTOĞRAFÇI, SAATÇİ DÜKKÂNININ ÖNÜNDE

Fotoğrafçı, koşar adımlarla saatçi dükkânına doğru yürür.

Görünce duraklar: Dükkân kapalıdır.

Kepenk inmiştir.

Üzerinde 'Kiralık Dükkân' levhası.

Fotoğrafçı, gene de umutsuzlukla kepenkleri sarsar.

Elinde yorgan teliyle bir Yorgancı geçer.

YORGANCI: Kapalı... Kapalı...

FOTOĞRAFÇI: Nereye gitti?

YORGANCI: Kırklara karıştı.

Fotoğrafçı çaresiz durur.

BİZANS KALINTISINDA

Fotoğrafçı bir duvara oturmuştur.
Kadının ve Saatçinin izini kaybetmenin kederi.
Haliç sırtları. Çıplak cılız ağaçların hüznü.
Fotoğrafçı, Kadın için getirdiği yüz fotoğraflarını boşluğa fırlatır.

FOTOĞRAFÇI, EVİNDE

Fotoğrafçı, gece, yatağının kenarına büzülmüş, soluk sokak lâmbasının ışığında Kadının sözlerini hatırlar tutkuyla.

FOTOĞRAFÇI: Merhaba, nasılsınız... El sıkışacağız... Ona babamı anlatacağım... Ellerini bir daha anlatır mısın? Gülüşünü? Bir yüzü diğerinden ayıran nedir? Bir hikâye... Anlamlı yüz hep bir hikâye anlatır... Susadım... Bir su getirir misin?

Kapı vurulur. Fotoğrafçı kalkar, gidip açar.

Postacıdır.

POSTACI: Telgrafınız var.

Fotoğrafçı telgrafı alır, alındı defterini imzalar.
Telgrafı açar, okur:

FOTOĞRAFÇI: 'Baban öldü, eve gel.'

Odanın ortasında kalakalır.

OTOBÜS

Şehirlerarası otobüs, dümdüz yolda, açıklıklarda hızla ilerler.

Fotoğrafçı, arkalarda bir yerde büzülmüş kalmıştır. Penceresinin önünden ince, narin, yüzlerce kavak akar.

Otobüs gece de yol alır: Alacakaranlıkta farları yaklaşır, geçer gider.

Ölüler Şehri

Kuru ölü ağaçlar.
Ölüler Şehrinin genel görüntüsü.
Puslu bir sabah.
Fotoğrafçı boş pazar yerinden geçer.
Tenha sokaklar. Kasvet...

Fotoğrafçı, Baba evinin kapısında bir an durur, kapıyı vurur.

BABA EVİNDE

Babanın uzanmış ölüsü.
Fotoğrafçı yanıbaşına oturur.

Eli babasının yüzüne gider. Ölünün gözleri açıktır. Fotoğrafçının eli geri çekilir.

Baba evinin dışarıdan görünüşü.

Fotoğrafçı, divanda kaykılmış, uyuyakalmıştır.
Anne içeri girer, sedire ilişir.
Eli oğlunun yanağında sevgiyle hafifçe gezinir.

ANNE: Burada uyuma, üşüyeceksin.

Anne, Ağabey, Fotoğrafçı, kahvaltı masasında oturmaktadırlar. Temiz bir masa örtüsü.
Yalnızca Ağabey birşeyler yemektedir.

ANNE: (Fotoğrafçıya) Yüzün kül gibi.

Bir sessizlik.

FOTOĞRAFÇI: Bu ses nedir?
AĞABEY: Bir ses duymuyorum.
FOTOĞRAFÇI: Babamın gözleri kapanmıyor.
AĞABEY: Babamın gözlerini kapatmak için...
ANNE: Babanızın gözleri kapanır artık, merak etmeyin siz. Hep böyle olsun isterdi. Hepimiz bir masanın etrafında...

Kenarda, duvar dibinde babanın çizmeleri.

ANNE: Sen de artık burada kalırsın... Yapılacak çok iş var... Bu hafta mandıraya gidersiniz, ne

var ne yok orada, satıp kurtulmak lazım...

Karalar içinde iriyarı korkutucu iki kişi bahçeye girer. Yanlarında bir tabut, omuzlarında ip, askı... Gelin, pencereden onları görür.

GELİN: Geldiler.

Oğullar masadan kalkarken...

ANNE: Cenazede kimse sizi gözü yaşlı görmesin.

MEZARLIK

Mezar çevresinde toplanmış cemaatin genel görüntüsü.

İmamın çağrısı: Fatiha!
Ağabey ile Fotoğrafçı, dua okunurken ellerini açarlar.
Mezarın içine giren yaşlı biri, kefenin yüz kısmını açar.

YAŞLI ADAM: Oğulları nerede, oğulları nerede? Getirin buraya.

Fotoğrafçı, babasının mezarı başına getirilir.

YAŞLI ADAM: İyi bak, baban mı bu senin?
FOTOĞRAFÇI: (Sessizce) Babam...
YAŞLI ADAM: Duymadım. Bir daha söyle.
FOTOĞRAFÇI: Evet, babam, babam bu benim!

MANDIRA YOLUNDA

Fotoğrafçı ve Ağabeyi hat boyunca yürürler.
Demiryolu köprüsünden geçerlerken Fotoğrafçı ters dönmüş bir kaplumbağayı görür. Durup çevirir.

AĞABEY: Sanki başka biri olmalıydı benim babam, o tuhaf kadına âşık olan adam değil. Kendimi inandırdım. Akşam eve döndüğümde, bu bizim ev değil derdim kendi kendime... Bütün bunları senin de hissettiğini, İstanbul'dan bundan dönmediğini düşünürdüm.

FOTOĞRAFÇI: Bilmiyordum.
AĞABEY: Kadını ilk gördüğümde, mandırada birisinin yakını sandım. Öğretmenmiş... Kocası da öğretmen... Öğretmen karısının mandırada ne işi var?

Açık arazide yürürler. Arkada uzun ince bir tren belirir. Düdüğünü öttürür. Motorunun gürültüsü...

AĞABEY: Okul için onlara yakacak odun veriyorum, derdi babam. Titiz kadın, o da hesap defterini temize çekiyor, derdi. Her gün mandıraya gitmeye başladı.

Ağabey önde, Fotoğrafçı arkada mandıraya gelirler. Çevrede hayvanlar, iri bir traktör tekerleği, paslı tenekeler, güğümler... Köpek havlamaları...

MANDIRA EVİ

Fotoğrafçı, babasının masasına oturmuştur.

Babasını anlamak ister gibi çevreye göz gezdirir: Köşede genişçe bir yatak... Vita tenekelerinde iki çiçek... Gaz lâmbası...

Masanın üzerindeki sümeni açar, içinde bir defter görür. Çıkarır.

Defterin sayfalarını çevirir.

Öğretmen kadının temiz işlek elyazısı.

Ağabey girer.

FOTOĞRAFÇI: Defter bu mu?

Ağabey, başıyla onaylar.

FOTOĞRAFÇI: Elyazısı gerçekten güzelmiş.

AĞABEY: Babam buraya gelmemi istemezdi.

Ağabey eğilerek alışkın bir hareketle masanın alt gözünü açar... Sedef kakmalı bir kutuyu masanın üzerine koyar.

Kutuyu açar, içini gösterir.

İki ağızlık, iyi bir eski çakmak, bir çakı, kapaklı köstekli bir saat, küçük bir kutucuk.

AĞABEY: Seç!

Fotoğrafçı bir an durur.

Dikkatle saati eline alır.

FOTOĞRAFÇI: Ötekileri bırakırım.

AĞABEY: İyi.

Çakmağı, çakıyı cebine indirir.

Fotoğrafçı, küçük kutuyu açar.

Kutunun içinden bir kadın resmi çıkar, yüzü gözleri karalanmış, kazınmış... Korkutucu bir görüntü.

FOTOĞRAFÇI: Bunu sen mi yaptın?

AĞABEY: Neyi?

Ağabeyin sesi, yalan söylediğini gizlemez.

Ağabey, içinde resim olan kutuyu cebine atar.

AĞABEY: O kadar merak ediyorsan dönüşte okulun ordan geçeriz... Sana onu gösteririm...

Ağabey odanın başka bir bölümüne geçer, iki av tüfeği çıkarır...

AĞABEY: Bir baba yalan söylemeye başladı mı, artık baba değildir. (Tüfekleri masaya dayar) Annem bunları eve istiyor.

Ağabey, masanın çekmecesinden mavi kurdelaya bağlı bir anahtar çıkarır.

AĞABEY: Bunu da...

İLKOKUL

Herhangi bir yerleşim merkezinden uzak, doğanın içinde bir devlet binası.
Direkte bayrak...
Öğrenciler bahçede 'tavşan kaç' oynar...
Aralarında kadın öğretmen.
Saçları açık. Çekici, hoş...
Ağabey kardeş, uzaktan onu seyrederler.
Ağabey, bir an kardeşini süzer.
Öğrencilerin neşeli sesleri.
Öğretmen kadın, kendisini uzaktan seyreden Ağabey ile kardeşin varlığını içgüdüyle sezmiş gibi, bir an döner, bir süre iki kardeşe doğru bakar.

BABA EVİNDE

Gece. Fotoğrafçı, yatağına uzanmış, elinde tuttuğu babasının köstekli saatine uzun uzun bakar.
Dışarıda soluk bir ışık.
Çıplak dallarda uğuldayan güçlü rüzgâr.
Fotoğrafçı yan dönerek uykuya yatar.

NEHİR ÜZERİNDEKİ KÖPRÜ

İki kardeş bir köprü üzerindedirler.
Ağabey oturmuş, ayaklarını suya doğru sarkıtmıştır.

Fotoğrafçı arkada ayaktadır.
Akan suyun fısıltısı.

AĞABEY: Bir yüze bakarsın, bir hayâle kapılırsın... Ama gözünü açıp kapayana kadar hayâl kaybolur... Hayâl artık aklında, ama doğru mu ya? Her zaman yanında olmalı, aklında değil... Yoksa yanarsın... Fotoğraf makinanı niye getirmedin?
FOTOĞRAFÇI: (Dalgın) Bilmiyorum.
AĞABEY: Çünkü kasaba hayâlini kâğıda geçireceğim de ne olacak diye düşündün değil mi?
FOTOĞRAFÇI: (Bir an düşünür.) Hayır... (Kararını açıklar:) İstanbul'a dönmeyeceğim artık...

Akşam.
Sofrada Fotoğrafçı, Anne, Ağabey, Gelin oturuyorlar.

ANNE: Hangi ana oğlu okusun istemez... Ama hiçbir ana, oğlu sarhoş fotoğrafları çeke çeke ömrünü tüketsin de istemez. Bir gün İstanbul'a gider, okulunu bitirir avukat olursun... Ama madem ki kalıyorsun, ağabeyine yardımcı olacaksın... Şimdi oğullarım, gelin size bir şey göstereceğim...

Anne önde, iki kardeş arkada titreyen merdivenlerden aşağıya, sandık odasına inerler.
Eski eşyalar, sobalar, mangal, halı, kutular, sandıklar, iskemleler, kafes...
Anne odanın bir köşesine gider.
Bir sandığı kolayca kenara çeker, halıyı toplar.
Döşeme tahtasını yerinden kaldırır.
Ağabeye döner.

ANNE: Gel bakayım şimdi sen... Sok kolunu içeri...

Ağabey, delikten kolunu içeri sokar.

ANNE: İyice sok, iyice...

Ağabey bir şey bulmuştur.

ANNE: Çek, çıkar şimdi onu.

Ağabey, delikten küçük, taşınır bir kasa çıkarır.

Anne oradaki masaya oturur. Kasa masanın üzerine konur.

ANNE: Ver bakalım şimdi anahtarı.

Anne, Ağabeyden anahtarı alır.

Kasayı açar. Kardeşler merakla bakıyordur.

Anne kendinden memnun, kasadan kadife bir kese çıkarır.

Bağcığını çözer.

İçindekileri masaya boşaltır: Altınlar.

ANNE: (Ağabeye) Say bakalım, kaç taneymiş... (Fotoğrafçıya döner) Ağabeyin biliyor, çarşı içinde caminin bitişiğinde boş arsa var ya... babanın halasının oğullarının... Yirmi yıl oluyor, artık dönecekleri yok... Hemen olursa arsayı bize ucuza bırakıyorlar...

Ağabey altınları saymıştır.

AĞABEY: Otuzyedi.

ANNE: Tamam... Bir daha say, keseye koy. (Fotoğrafçıya döner) Ağabeyin oraya dükkân yapalım diyor... Bu iş sana kalıyor... Yarın otobüse bineceksin, öbür gün onları bulur altınları teslim edersin. (Cebinden bir kâğıt çıkarır) Bu adrese...

Fotoğrafçı, şaşkın, elindeki adrese bakar.

Anne, Ağabeyden aldığı torbayı büzer, Fotoğrafçıya uzatır.

ANNE: Bu torbanın içinde hepimizin geleceği var, unutma...

OTOBÜSTE

Otobüsün penceresinden akan görüntüler.
Ağaçlar.

Fotoğrafçı otobüstedir.
Otobüs gece de yol alır.

MOLA YERİ

Otobüs yol üstündeki mola yerlerinden birine yanaşmıştır.

Fotoğrafçı otobüsten inmiştir. Ama kalabalıkla birlikte lokantaya girmez.
Sıkıntıyla yürür.
İleride bir kahve vardır. Sokulur.
İçeride televizyon seyreden insanlar.
Fotoğrafçı, bir sigara yakar.
Tam geri dönmek üzeredir ki, birden donar:

Kadının yüzünün görüntüsü...

Fotoğrafçı, görüntünün nereden nasıl geldiğini kavrayamaz önce.
Sonra farkeder: Bir aynadaki yansımadır gördüğü.
İçeride seyredilen televizyonun yansıması...

KAHVE

Fotoğrafçı kahveye girer.
Gözü ekrandaki kadında.
Kadının yüzünde duygulu bir ifade vardır.
Fotoğrafçı, büyülenmiş, donmuş gibidir.
Bir sandalyeye oturur, ekrandaki kadını seyreder.
Ekranda görüntü değişir: Saatçi belirir.
Saatçinin önünde bir masa saati vardır, anlatır.

> SAATÇİ: Yıllarca saatlerin içinde yaşadım... Saatlerin sihiri, hayatımın sırrı oldu... Bir gün bu sırrın yüzlerimizin bilmecesiyle çözülebileceğini anladım... Böylece rüyalarım bir başkasınınkiyle karıştı... Artık hiç unutmam... Çünkü saatin yüzü yüreğe yakınsa kendi yüzü konuşur insanın...

Ekranda saat görüntüleri belirir. Padişah resimleri... Saat tıkırtıları.

Fotoğrafçı, kahvedeki dalgın, kederli seyircilerle birlikte ekrandaki görüntüleri izler.
Dışarıdan otobüsün güçlü kornasının sesi duyulur.
Ama Fotoğrafçı yerinden kalkmaz.
Bir an dışarı bakar.
Sonra gözünü yeniden ekrana diker.
Bir korna sesi daha duyulur.
Otobüs kalkar, mola yerini terkeder.
Aynı anda ekrandaki görüntü de biter.
Boş ekranın parlak ışığı.

Kahveci ekrana yaklaşır.

Video aygıtından kaseti çıkarır. Kılıfına koyar ve hemen orada beliren kasketli bir adama verir.

Fotoğrafçının gözü, video kasetiyle, onu alan kasketli adamdadır artık.

Kasketli adam kahveden çıkar.

Fotoğrafçı da onu izler.

Kasketli adam kamyonetine varınca Fotoğrafçı ona yetişir.

FOTOĞRAFÇI: Bir saniye bakar mısın?

KASKETLİ ADAM: Buyrun?

FOTOĞRAFÇI: Demin seyrettiğimiz... senin mi o?

KASKETLİ ADAM: (Şüphelenir) Niye?

FOTOĞRAFÇI: Almak istiyorum... Satar mısın?

KASKETLİ ADAM: Emanettir!

FOTOĞRAFÇI: Çok para veririm.

KASKETLİ ADAM: Benim değil, dedim. Sahibi kasabada.

Kılıfı içindeki video kasetini ceketine yerleştirir.

KASABA YOLUNDA

Kamyonet kör karanlık bir yolda ilerler.

Kasketli Adam kamyoneti sürüyor, Fotoğrafçı da yanındadır...

Gecenin ıssızlığı ve karanlığı.

FOTOĞRAFÇI: Kim sahibi?

KASKETLİ ADAM: Görürsün şimdi.

Bir sessizlik. Korkutucu gecede ağaçlar.

KASKETLİ ADAM: Yirmi yıl oluyor, gece vakti bu yoldan geçerken hâlâ korkarım.

Garipler Şehri

Kamyonet kasabanın ana yolunda ilerler.
Sokaklar bomboştur... Ürpertici bir karanlık.

Kamyonet bir başka sokağa girer.
Kasabada bir terkedilmişlik havası.

Kamyonet tamirciler çarşısında ilerler.
Tuhaf, ürkütücü yapılar, evler...
Kamyonet, lâmbası yanan bir tamircinin az ötesinde durur.

Kasketli Adam kamyonetten iner.

KASKETLİ ADAM: Bekle burada!

Kasketli Adam, tamirci dükkânında bir masada içki içen üç kişiye sokulur. Onları selâmlar.

Masanın ucunda oturan, yıpranmış, görmüş geçirmiş birine, Kasaba Saatçisine yaklaşır.

KASKETLİ ADAM: Buyur, emaneti getirdim.

Video kasetini Kasaba Saatçisine verir. Onun kulağına kamyonette bekleyen Fotoğrafçı hakkında birşeyler fısıldar.

KASABA SAATÇİSİ: (Masadakilerden izin ister) Bir dakika, bana müsaade...

Masadan kalkar. Video kasetini ceketinin içine sıkıştırır. Ağır ağır kamyonete, Fotoğrafçıya sokulur.

Bir an yakından Fotoğrafçıya bakar. Bir gerginlik an'ı...

KASABA SAATÇİSİ: Benim dükkânda gidip konuşalım.

Fotoğrafçı ve Kasaba Saatçisi, karanlık ve boş sokakta yürürler.

KASABA SAATÇİSİ: Ne için bu kadar istiyorsun sen bunu?

FOTOĞRAFÇI: (Düşünceli, huzursuz) Zor anlatması...

Kasaba Saatçisi, bir sırla ilgili bir şeyden söz edildiğini bilirmiş gibi, başını sallar...

KASABA SAATÇİSİ: Biliyorum, zor! (Kendinden emin) O kadını önce rüyanda gördün, değil mi?.. Ben önce rüyamda gördüm, sonra dükkânıma geldi...

Kasabanın tenha ve karanlık sokaklarında bozuk bir floresan lâmbasının görüntüsü vurur. Floresanlı vitrinde oyuncak bir bebek...

Uzaktan bekçi düdükleri işitilir.

Kasaba Saatçisinin ve otelin baktığı sokağın genel görüntüsü. Issızlık, yalnızlık... Hüzün duygusu.

Fotoğrafçıyla Kasaba Saatçisi, saatçi dükkânında karşılıklı oturmuşlar. Aralarında rakı şişesi. Birer bardak, biraz leblebi...

> KASABA SAATÇİSİ: Rüyamda bir çarşıdaymışım... Her şey var burada, ne istiyorsan, en iyi yiyecekler, elbiseler, ipek kumaşlar, neler neler... Bir bakıyorum, bir dükkânda da hayatlar satıyorlar... İstediğin hayatı seçiyorsun, o ruhun yüzü senin yüzün oluyor, artık mutlu yaşıyorsun... Tam istediğim yüzü seçeceğim, bir kadın çıktı karşıma... Anladım ki melek... Dedi ki Saatçi, iyi düşündün mü, bu yolun dönüşü yoktur... Korktum. Terle uyandım. Öğle vakti bu kadını tam karşımda gördüm... Burada, dükkânda, sanki dilim tutuldu. Dedi ki: Ne tuhaf dükkân burası, ne mahzun bir hali var...

Dışarıdan bekçi düdükleri gelir.
Fotoğrafçı, dalmış, ilgiyle dinler.
Saatçi dükkânındaki saatlerin tıkırtısı.
Yoksul küçük bir dükkândır burası... Saatleri de gösterişsiz. Arkada bir televizyon ekranı.

Kasaba Saatçisi, tezgâhın üzerindeki güzel, gösterişli ve iri saati işaret eder.

KASABA SAATÇİSİ: Şu saati sevdi, okşadı... Çok güzel bir saat bu, dedi, ama ruhunu kaybettiği için bozulmuş. Bir tek sen tamir edebilirsin onu, dedi. Peki, dedim, senin için yaparım. Gülümsedi, bir deste para çıkardı, çok para... Gene gülümsedi... (Tezgâhtan kaseti alır) Bunu bıraktı. Emanettir, dedi, seyret, rüyalarını hatırlayacaksın... Yüzünde kaybettiğin şeyi bulacaksın... Başkaları da seyretsin, onlar da hatırlayacaklar... Genç arkadaşım, hemen seyrettim, başkalarına da seyrettirdim, ama hiçbir şey anlamadım. Saati de tamir edemedim.

FOTOĞRAFÇI: Ne zaman geleceğini söyledi mi?

KASABA SAATÇİSİ: Ne zaman tamir edeceğimi sordu... En geç bir ay, dedim... Ama hâlâ bitiremedim... Birşeyler uydurmaya çalışıyorum. Gene geleceğim, dedi, emanetime sahip ol! (Dükkânın kapısına bakar) Kapıda mavi bir araba, bindi gitti.

FOTOĞRAFÇI: Maviydi değil mi?

KASABA SAATÇİSİ: Rüya mavisi... Belli ki bu kadın sana da rüyanda göründü, suretini görünce hemen tanıdın, değil mi?

Fotoğrafçı, kararsız kalır, cevap veremez.

KASABA SAATÇİSİ: Herkesin bir sırrı var, karışmam... Ama, bana bıraktığı şey bir emanettir... Eğer çok paran yoksa, hiç...

FOTOĞRAFÇI: (Sözünü keserek) Altınlarım var, yarın bozdururum...

KASABA SAATÇİSİ: (İlgiyle) Göster bakayım.

Fotoğrafçı iç cebine davranır, keseyi çıkarıp ağzını çözer. Bir altın çıkarıp Kasaba Saatçisine uzatır.

Kasaba Saatçisi tek altını alır, gerçekliğinden emin olmak ister gibi elinde tutar. Fotoğrafçının kesesine bakar.

KASABA SAATÇİSİ: Senden on tane isteyeceğim... Çok mesuliyetli...

Fotoğrafçı bir kararsızlık geçirir.

KASABA SAATÇİSİ: Peki, dokuz olsun.

Fotoğrafçı sekiz altın daha sayarken Saatçi onu dikkatle izler.

Kılıfına dikkatle sarılmış video kasetini uzatır.

KASABA SAATÇİSİ: Ne ben seni tanıyorum, ne de sen benden bunu aldın.

Fotoğrafçı ayağa kalkar.

KASABA SAATÇİSİ: Otursaydın daha...

FOTOĞRAFÇI: Otel nerede bulurum?

KASABA SAATÇİSİ: Tam karşıda... (Arkasındaki televizyonla video aygıtını gösterir) Bunu da al... Ucuza bırakırım. Hemen seyredersin odanda...

Otel, saatçi dükkânının çaprazlamasına karşısındadır.
Gece, otelin genel görünüşü.
Fotoğrafçının odasının ışığı yanmaktadır.

OTEL ODASINDA

Fotoğrafçı, kaseti takmış, ekrandaki görüntüyü seyretmektedir.

Kadının yüzü görüntüyü bütünüyle kaplar...

Neredeyse teninin dokusunu gösteren bir ışık içinde...

Sürekli bir saat tıkırtısı duyulur.
Kadının duyarlı yüzü, acıyla, derin bir anlamla yüklüdür.

KADIN: Yıllar önce karlı bir akşam babam bir hikâye anlatmıştı... Bir zamanlar, herkesin unuttuğu acıklı bir ülkede küçük bir kızla babası yapayalnız yaşarlarmış. Baba, kızını öyle severmiş ki bambaşka bir hayatı olsun istermiş... Büyüyüp kocaman bir kadın olduğunda kızı, Kaf Dağı'nın arkasındaki kuşu bulacak, bütün talihsizlerin yüzünü birbirine benzeten tılsımı çözecekmiş... Küçük kız, babasını dinleye dinleye uykuya dalar, rüyalarında bu işleri bir bir yaparmış... Ama sabah uyandığında hâlâ o küçük kız kalmasına üzülürmüş... O kızın kim olduğunu çok sonra anladım. Bir sabah kar yağarken, rüyalarımdan o yetişkin kadın olarak uyandığım zaman... Bir saat kulesinin altındaki şehre yerleştiğim zaman... İşte, hüzün hikâyecileriyle birbirimizi aramaya böyle başladık... Harita diye birbirlerimizin yüzlerine bakıyor, hikâye diye ruhlarımızı masaya koyuyoruz.

GARİPLER ŞEHRİNİN ÇARŞISI

Sabah. Fotoğrafçı çarşıda yürür.
Kasap, bıçaklarını bileyciye vermiştir.
Fotoğrafçı, gazete bayiine girer.
Bir tomar gazete alıp çıkar.
Oteline dönerken kasap ve bileyciyle karşılaşır gene...

OTELDE

Fotoğrafçı otele girer.
Otel kâtibinden anahtarını alır.

KÂTİP: Daha ne kadar buradasınız?
FOTOĞRAFÇI: Bir veya iki hafta, bilemiyorum.

Yukarıya, odasına çıkar.

Fotoğrafçı, otel odasındadır.
Pencereden dışarı, karşıdaki saatçi dükkânına bakar.
Odadaki masayı pencerenin yanına taşır.

İskemleyi de masanın önüne koyar.
Oturur. Masayı biraz daha önüne çeker.
Şimdi oturduğu yerden saatçi dükkânını rahatlıkla görebilmektedir.
Daha da iyi görebilmek için kendini ayarlar.

Fotoğrafçının bakış açısından saatçi dükkânının görünüşü.

Kasaba Saatçisi, dükkânının kapısında belirir, bir parçayı ışığa tutup inceler.
Bir an, karşıda otel odasından kendisine bakan Fotoğrafçıyı görür.
Fotoğrafçı, saatçi dükkânına bakmaya devam eder...

KASABADA SAATÇİ DÜKKÂNI

Bir başka sabah.

Kasaba Saatçisi, Kadının bıraktığı bozuk masa saatini onarmaya çalışıyor.
Kapıdan Fotoğrafçı girer, koltuğunun altında gazeteler, dergiler... Kesekâğıdı içinde yiyecekler...

FOTOĞRAFÇI: Bir haber var mı diye sorayım dedim.

KASABA SAATÇİSİ: Yok... Buna bir parça uyduruyorum... Hakikisi değil, ama çalıştırır herhalde... Otursana...

FOTOĞRAFÇI: Kaçta gelmişti o gün?

KASABA SAATÇİSİ: Oniki bir arası, öğle üstü...

FOTOĞRAFÇI: Nereden geldiğini söylemedi mi hiç? Bir şehir, saat kulesi varmış...

KASABA SAATÇİSİ: Söylemedi hiç.

Kısa bir sessizlik. Tıkırdayan saatler...

FOTOĞRAFÇI: Bu kasabada vakit nasıl geçer?

KASABA SAATÇİSİ: (Acımasızca) Geçmez!.. Ölene kadar vakit geçsin diye beklersin bu kasabada...

OTEL ODASI

Fotoğrafçı, cam kenarında oturmuş gazetedeki bir bilmeceyi çözüyor.
Arada bir ya dışarıya bakar, ya da babasından kalan

köstekli saatine...

Odanın ve masanın halinden Fotoğrafçının uzun zamandır günlerini, bu masada oturarak, pencereden saatçi dükkânına bakarak geçirdiği bellidir.

Küllük ağzına kadar doludur... Yatağın üzerinde bir sürü gazete, dergi... Masanın üzerinde portakal kabukları...

Kapı vurulur. Fotoğrafçı döner.

Açılan kapıdan Ortalıkçı Kadın içeri girer.

ORTALIKÇI KADIN: Odayı bir temizleyeyim.

FOTOĞRAFÇI: (Hiç istemez) Bırak kalsın.

Kadın, çaresiz çıkar.

Fotoğrafçı, odasının kapısını dikkatle kilitler.

Gece.

Otelin boşluğu ve ıssızlığı: Hüzün duygusu.

Fotoğrafçı, odasında, televizyonun karşısındadır.
Ekranda Kadının görüntüsü.
Bu görüntünün hemen yanında ekrana tutkuyla bakan Fotoğrafçının görüntüsü yansır...
Kadın hikâyesini anlatırken Fotoğrafçı da onunla birlikte, aynı anda, tekrarlamaktadır.
Belli ki, Fotoğrafçı, Kadını ekranda tutkuyla seyrede seyrede hikâyesini ezberlemiştir.

KADIN-FOTOĞRAFÇI: Bir sabah kar yağarken, rüyalarımdan o yetişkin kadın olarak uyandığım zaman... Bir saat kulesinin altındaki şehre yerleştiğim zaman... İşte, hüzün hikâyecileriyle birbiri-

mizi aramaya böyle başladık. Harita diye birbirlerimizin yüzlerine bakıyor, hikâye diye ruhlarımızı masaya koyuyoruz...

Gece. Otelin genel görüntüsü.

Kadının ekrandaki görüntüsü kareyi kaplar.

Fotoğrafçı gene kaseti seyretmektedir.

Kadının aşırı duygulu yüz ifadesi.

Yüzünde bir keder, derin bir hüzün.

Kadın, bakışlarını ağır ağır aşağı kaydırır.

Önünde, sandalyede Saatçi oturmaktadır.

Kadın, ellerini onun omuzlarına bir yakınlık duygusuyla koyar.

Saatçi de kendi düşüncelerine dalıp gitmiştir...

Sabah... Sigara izmaritleri, gazeteler, kâğıt kesikleri ile dolu olan masasında Fotoğrafçı meşguldür.

Gazetelerden yüz resimleri keser.

Sonra bu resimlerdeki ifadeyi, tıpkı kadının yaptığı gibi bir büyüteçle inceler.

Daha sonra başka bir gazete kesiğindeki yüze bakar.

Ağzında bir sigara.

Durup pencereden dışarıya, saatçi dükkânına bakar.

Kasaba Saatçisi, elinde iri, güzel saatle dükkânından çıkar, otele doğru yürümeye başlar.

Fotoğrafçı, pencerenin önünden çekilir, tutkunun alışkanlığıyla video aygıtını çalıştırır ve ekranda beliren kadının görüntüsüne bakmaya, hikâyesini dinlemeye koyulur.

Alışkın bir hareketle yatağının kenarına oturmuştur.

Kapı vurulur.

Fotoğrafçı kapıyı açar.
Kasaba Saatçisi, kucağında saat, hayatından memnundur.
Fotoğrafçı saatle ilgilenmiştir, onu içeri alır.

Kadının görüntüsü ve hikâyesi televizyon ekranında devam eder.

KADIN: Bir saat kulesinin altındaki şehre yerleştiğim zaman...

Kasaba Saatçisi iri saati masanın üzerine koyar.

KASABA SAATÇİSİ: Saati yaptım.

Saati sessizce kurar. Biraz bekler, ses gelmez.

KASABA SAATÇİSİ: Hadi ulan!

Saati kurcalar, yelkovanı iter.
Saatten bildik bir müzik gelir: Bir sihir ve mutluluk ânı... Kasaba Saatçisi memnundur.

FOTOĞRAFÇI: Nasıl yaptın?

KASABA SAATÇİSİ: Birşeyler buluşturdum işte... Gerisini artık o bilir. Ben de anlamıyorum. Bir ay oldu, hâlâ gelmedi...

FOTOĞRAFÇI: Bir ay dört gün...

KASABA SAATÇİSİ: Her gün saat oniki bir olduğu zaman ben de sabırsızlanıyorum artık... Bir daha geleceğim, dedi... Rüyadan çıkar gibi gelecek.

Kasaba Saatçisi, dönüp televizyon ekranına sokulur.

Ekranda yüz görüntüleri, resimler...

İlgi ve korkuyla bakar.

KASABA SAATÇİSİ: Bütün bunların hikmeti nedir? Kimsenin aklı ermez bu işlere... Hayaller, rüyalar, saatler.

Ekranda Kadının sihirli görüntüsü...

Kasaba Saatçisi, Fotoğrafçıya döner. Şefkatle, ilgiyle...

KASABA SAATÇİSİ: Kimin kimsen yok mu senin?

FOTOĞRAFÇI: Var, bekliyorlar.

KASABA SAATÇİSİ: Hadi seni alayım da gezdireyim biraz... Dostlar var...

GARİPLER GECESİ

İkisi birlikte, Fotoğrafçıyla Saatçi, kasaba dışına doğru yürürler...

Gece.

Ürkütücü ve terkedilmiş bir depo binası...

Kasaba Saatçisi, kucağında iri saatle önden, Fotoğrafçı arkadan, köhne yapıya girerler.

Depo oldukça geniştir... Yukarıdan iki çıplak ampulle aydınlatılmıştır...

Bir yanda asılı çamaşırlar... Bir masa, birkaç tabure... Kırık dökük iskemleler... Üstü brandayla örtülü belirsiz araçlar... Bir soba, sehpa, birkaç sandık, eski bir dolap. Üstünde daha eski bir radyo.

Masa başında iki kişi oturmaktadır: Su Memuruyla onun Can Yoldaşı.

Kasaba Saatçisi, onları, Fotoğrafçıya anlaşılmaz birşeyler göstermenin ruh haliyle ve bir kardeşlik duygusuyla tanıtır.

KASABA SAATÇİSİ: Merhaba. Bu arkadaş su işlerinde memurdur...

SU MEMURU: Merhaba... Dört yıl oldu... Devlet kasabanın su sorununu çözeceğim dedi. Bir gün mühendisler, politikacılar hep geldiler. İşe başlandı, bir hafta sonra da beni buraya bekçi bırakıp çekip gittiler. Bekçilik edecek bir şey de yok. Unuttular beni burada.

KASABA SAATÇİSİ: Ama her ay vilayete gidip şubeden maaşını alır...

SU MEMURU: Ama bir gün hatırlayacaklar, inanıyorum.

Kasaba Saatçisi, diğer kişiyi gösterir. Ufak, silik biri. Sobanın üstündeki tencereyi karıştırmaktadır.

KASABA SAATÇİSİ: Bu arkadaş da onun Can Yoldaşı olur.

CAN YOLDAŞI: Merhaba.
Alçakgönüllü bir selâm verir.

Saatler sonra.
Deponun genel görünüşü, bu ücra yerde birilerinin kırık dökük yaşadığını gösterir.
Masanın üzerine tencere konmuş, ekmek, eski kırık tabak, çatal, bıçak, rakı şişesi, bardaklar...
Bir kenarda bir sandık, üzerinde saat...
Dördü masanın çevresinde oturmuşlardır.

Can Yoldaşı, saf ve heyecanlı, anlatır:

CAN YOLDAŞI: Doktorlar adama her ilacı vermişler, ama midedeki ağrı dinmemiş... Adam ölünce mideyi açıp bakmışlar, içinde böyle taş gibi bir ağaç kök salmış mideye... Oğlu, babamdan yadigâr diye bu ağacı alıp çakısına sap yapı-

yor... Yıllar sonra o çakıyla şalgam keseyim diyor, şalgama dokunmasıyla çakının sapı eriyor. (Bir sessizlik) Yani doktorlar adama şalgam yedirseler, ölmeyecek...

KASABA SAATÇİSİ: (İlgisizdir) Bu hafta totoda biri onüç yakaladı...

CAN YOLDAŞI: Yukarı köylere kurt inmiş, bir dulu kapmış...

KASABA SAATÇİSİ: O senin dediğin, ayı...

SU MEMURU: Kurtlar buraya da geliyor artık.

Kısa bir sessizlik, sıkıntı duygusu.
Kasaba Saatçisi, cebinden oyun kartlarını çıkarır, kupa kızını gösterir.

KASABA SAATÇİSİ: Hadi, kız kaçtı oynayalım.

Kız kaçtı oynarlar.
Masanın üzerinde içki şişesi, bardaklar, para, oyun kâğıtları...
Can Yoldaşı, eli kazanır, bir tomar parayı toparlar.
Fotoğrafçı cebinden yine para çıkarır...
Su Memuru dikkatle kâğıtları dağıtır.
Gene Can Yoldaşı kazanır.
Fotoğrafçı rakısından bir yudum içer.

Kasaba Saatçisi, kaybettikçe sinirlenir.

KASABA SAATÇİSİ: (Fotoğrafçıya) Sen de kaybediyorsun, ama aldırdığın yok... Çünkü altın kesesi var... Paran varsa her zaman mağrursun.

Dışarıda, beyaz önlüklü iki adam iple çektikleri bir atla ağır ağır yaklaşırlar.
Karanlıkta korkutucu bir görüntü.
Atın tok nal sesleri...

İçerde Can Yoldaşı gene kazanmıştır.
Paraları toplar.
Nal sesleri belirgin bir şekilde duyulur.

KASABA SAATÇİSİ: Allah kahretsin! Kasaplar!

Kasapla çırağı, arkalarında at, içeriye, depo binasına girerler...

SU MEMURU: (Burnuyla Fotoğrafçıyı işaret eder) Yabancı değil, bizden.

Kasaplar atı yanlarından geçirirlerken Can Yoldaşı ayağa kalkar.
Cebinden çıkardığı beyaz bir mendili atın gözlerine bağlar.
At bir deri bir kemik, sefil ve yaşlıdır.

CAN YOLDAŞI: Kapa canım gözlerini, kapa kederli atım, kapa mahzunum... Görülecek bir şey yok bu tarafta.

Fotoğrafçı, arka bölmeye götürülen atı dikkatle izler.
Kasaba Saatçisi oyun kâğıtlarına dalmıştır.
At bir perdenin arkasına çekilir.
Devrildiği duyulur. Belli belirsiz kişner.

KASABA SAATÇİSİ: (Öfkeli, sinirli) Allah belâsını versin... kâğıt gibisi...

SU MEMURU: Konuşma kâğıtla... Konuşma artık!

KASABA SAATÇİSİ: Konuşuyorum ben, mağrur olmadığım için kaybedince konuşuyorum... Ben insanım, yüreğimi sırlarımı açarım arkadaş!

Perdenin arkasından vuran ışıktan, belli belirsiz kasapların atı kestikleri görülür.
Fotoğrafçı, dayanamaz, masadan kalkar, uzaklaşır...
Bir köşede, sehpanın üzerinde duran eski radyoyu karıştırmaya başlar.
Bir yerlerde, bambaşka, neşeli bir hayat olduğunu duyuran bir müzik.
Kasap, perdenin arkasından içeri girer.
Elinde önlüğüne sildiği kanlı bıçak.
Fotoğrafçıyı selâmlar.

KASAP: Hoş geldin.

Kumar masası dağılmıştır.
Kasaba Saatçisi, iri, güzel saati kurcalar. Saatin müziği çalar.
Su Memuru, masada tek başına, dikkatle kumar sonuçlarıyla ilgili hesaplar yapar...
Geride Kasap ve Can Yoldaşı çarşafları çekip gererek ütü öncesi hazırlığı yaparlar...
Fotoğrafçı uzaktan onları izler. Sarhoş, kederli...
Kasaba Saatçisi, saatin müziğini çaldırır gene... Müzik ansızın durur. Saat bozulmuştur. Kasaba Saatçisi, saati hırsla sarsar, sallar.

KASABA SAATÇİSİ: Hay Allah!

Bozulan saati yere bırakır.

Sarhoşlukla tahta sandığın üzerine sırtüstü uzanır. Başı sandığın ucundan yere doğru tersinden sarkar. Eliyle tuhaf işaretler yaparak yayık sarhoş sesiyle konuşur.

KASABA SAATÇİSİ: Tersinden görünce dünyayı, anlıyorum ki bütün lâmbalar küllük olacak, bütün masalar ağaç, bütün aynalar baş olacak... (Fotoğrafçıya seslenir) Genç arkadaşım o zamana kadar bekleyecek mi? Mağrurdur... Mağrurlar bekler... Çünkü istedikleri bir şey vardır hep... İsteyenler bekler, beklesinler, ama ben beklemeyeceğim! Hiçbir şey!

Fotoğrafçı, kederle Kasaba Saatçisini izlemektedir. Su Memuru dikkatle hesap yapmaya devam eder...

KASABA SAATÇİSİ: Spor Toto'yu beklemeyeceğim... Geceyi beklemeyeceğim... Saatleri beklemeyeceğim... Kadınları beklemeyeceğim...

FOTOĞRAFÇI, HİKÂYESİNE DEVAM EDİYOR

FOTOĞRAFÇI: (Ses) Yalnız beklediğim günlerde değil, hikâyem bittikten sonra da hep düşündüm bunu.

Sabah.
Oteline doğru yürüyen Fotoğrafçının görüntüsü.
Kasabanın boşluğu, kasveti.
Yalnızlık duygusu...

FOTOĞRAFÇI: (Ses) Oraya, beklediğim kasabaya kadının döneceğinden nasıl emin olabilirdim?.. Neden bekliyordum?.. Neyi?..

Kasabada rüzgâr... Savrulan yapraklar, kâğıtlar...

FOTOĞRAFÇI: (Ses) Beklediğim bu zaman içinde çevremdekilerin, bütün dünyanın bambaşka bir yere dönüştüğünün farkındaydım artık. Gene de evime, annemle ağabeyime dönüş umudunu sonuna kadar korudum. Tam dört ay ondört gün o kasabada o kadını bekledim. Uzun kışın sonuna geliyorduk. Altınlarımın sonuncusunu da bozdurmuştum.

Ağaçlıklı ve ıslak bir yolda kadının mavi arabası hızla ilerler... Bir rüyadaki gibi nerede olduğu belli değildir...

OTEL-OTEL ÖNÜ: KARŞILAŞMA

Fotoğrafçının odası.
Duvarlar, aylardır gazetelerden, dergilerden kesilmiş yüzlerce, binlerce yüz resmiyle doludur.

Bütün duvarları kaplayan bu yüz fotoğrafları yüzünden otel odası korkutucu bir yere dönüşmüştür.
Her yerde öbek öbek gazeteler, dergiler, albümler...
Sürekli yanan televizyon ekranı...

Fotoğrafçı, masasına oturmuştur.
Saçı başı dağınık, tıraşsız, yıpranmış... Oldukça değişmiş... Pencereden dışarı, kasabadaki saatçinin dükkânına hâlâ tutkuyla bakıyor.

Saatçi dükkânının, otel penceresinden görünüşü...
Kapısı açılır ve dükkândan iki kişi çıkar.
Biri, elinde iri güzel saati taşıyan Kasaba Saatçisi, öteki iri yarı bir adam...
Otele doğru yürürler.

Fotoğrafçı onlara bakar, ama fazla ilgilenmez.
Kendi dünyasında, dalgındır.

Kapı vurulur.
Fotoğrafçı kalkar. Yanıbaşındaki gazete tomarını, çöpünü alıp kapıyı açar.

ORTALIKÇI KADIN: Çöpünü alayım.

Fotoğrafçı elindeki kesilmiş gazeteleri ve çöpü verir.

ORTALIKÇI KADIN: Ortalığı da alaydım...

FOTOĞRAFÇI: Kalsın...

Fotoğrafçı kapıyı Ortalıkçı Kadının yüzüne kapatır.

Ortalıkçı Kadın, elinde çöp yığınıyla kalakalır, söylenir. Bir elinde gazete yığını, öbür elinde çöp tenekesi, ağır ağır merdivenleri iner.

Çöpü bir köşeye bırakır.

Kesilmiş gazete yığınını, otelin giriş odasında bir başka yere, bir sehpanın üzerine koyar.

Bir müzik duyulur aynı anda: Güzel iri saatin melodisi... Ama bozuk bir melodi.

Ortalıkçı Kadın, dolu bir küllüğü boşaltmak için eline aldığında, giriş katındaki odada Kadın ile Kasaba Saatçisinin karşılıklı oturdukları görülür.

Önlerindeki sehpada iri güzel saat vardır. Kasaba Saatçisi ezik büzüktür, suçlu gözükür. Bozuk saatin bozuk melodisi kesilir.

Kadın, hasta bir çocuğu okşar gibi saati okşar.

KADIN: Alınma, ama değil tamir etmek, sen bu saati daha da öldürmüşsün... Ruhunu vermemişsin ona...

KASABA SAATÇİSİ: Çok uğraştım ben bununla... Bir ara ne güzel çalıyordu da...

KADIN: (Kederle iç çeker) Bu saatçinin dükkânı küçük, ama ne mahzun diye düşünmüştüm... Bıraktığım emaneti seyreder ve yapar diyordum.

Kasaba Saatçisi içten bir utançla ezilir büzülür.

KADIN: Emaneti seyretmedin mi?

KASABA SAATÇİSİ: Emaneti? (Bocalar) Pek edemedim...

Kadın öfkelenir, durumdan sıkılmıştır. Ayağa kalkarak aşağı yukarı yürür.

KADIN: Saatçi, verdiğim emanete sırt çevirmişsin.

KASABA SAATÇİSİ: (Şaşkın, mahçup) Bende değil ki...

KADIN: Nasıl?

KASABA SAATÇİSİ: Gençten bir çocuk... Bir kere seyretti, büyülendi...

Kadın, Ortalıkçı Kadının sehpaya bıraktığı gazete kesiklerini, yüz resimlerini farkeder.

Eli dalgınlıkla bu gazete, dergi, yüz fotoğrafları yığını üzerinde gezinir.

Gazete, kâğıt yığını, yüzler, bir zamanlar baktığı fotoğrafları, gazeteleri hatırlatmıştır Kadına. Dalgındır.

KADIN: Nasıl bir çocuk?

Kadın, üst kata çıkan merdivenlerin başındadır...

Kasaba Saatçisini bir şey hatırlar gibi dinler... İçgüdüyle bir an yukarı, merdivenlerden yukarı bakar.

KASABA SAATÇİSİ: Geri vermiyor... Buralı değil... Bir daha başından ayrılmadı... Devamlı seyrediyor... Hep...

Kadın birden gerçeğe döner: Kasaba Saatçisi hayâl kırıklığına uğratmıştır onu... Saate son bir bakar...

KADIN: Çok kişiye unuttuğu rüyasını hatırlatabilirdi bu...

Kadın, kararlı, otelden çıkar. Kapı önünde beklemekte olan mavi arabasına doğru yürür.

Kasaba Saatçisi, suçluluk duygusuyla saati kapıp kadının arkasından koşar.
Arabasının önünde yetişir kadına.
İriyarı Adam, Kadına arabanın kapısını açmıştır.

KASABA SAATÇİSİ: Aslında hiç unutmadım ben sizi... Emaneti de hemen getiririm. Yakında, çok yakında...
KADIN: (İlgilenmiştir) Yakında mı?
KASABA SAATÇİSİ: Evet, çok yakında... Bütün gün seyrediyor çocuk... Hep seyrediyor... Bekliyor...

Kadının arabaya binmek üzere olduğunu anlayınca Kasaba Saatçisi telâşlanır...

KASABA SAATÇİSİ: (Çaresizlikle) Dükkânıma gelin... Yeni, başka bir saatim var, çok güzel...

Kadın arabaya binmiştir.

KADIN: Nasıl bir saat?

Kasaba Saatçisi, Kadını dükkânına götürebilme heyecanı içindedir.

KASABA SAATÇİSİ: Çok güzel! Bakarsınız...

Kasaba Saatçisi, telâşla dolanıp öteki kapıdan arabaya biner...
Motoru çalışan araba ağır ağır görüntüden çıkar...
Kamera ağır bir hareketle yukarı kalkınca otelin pencerelerinden birini görür.
Fotoğrafçının aylardır başında oturup Kadını beklediği penceredir bu...
Ama Fotoğrafçının oturuşu ve bakış açısı, çaprazlama-

sına karşı kaldırıma, ilerdeki saatçi dükkânına göre ayarlandığı için oradan otelin önündeki araba gözükmez.
Fotoğrafçı, Kadının arabasını ancak karşı kaldırıma, saatçi dükkânına yanaştığı zaman görür.
Mavi arabayı saatçi dükkânının önünde gören Fotoğrafçı, ayağa kalkar, pencerede iyice belirir.
Fotoğrafçı, dükkâna yanaşan mavi arabaya inanamayarak, tutkuyla bakar...

Kasaba Saatçisi, arabadan iner, dükkânının önünde Kadını bekler.
Kadın, İriyarı Adamın tuttuğu kapıdan arabadan çıkar, saatçi dükkânına yönelir.
Dükkânın kapısında Kadın bir an içgüdüyle yavaşlar...
Kasaba Saatçisi ona bir şey söylemiştir, belki de...
Kadın sezgiyle döner, otele doğru bakar. Otelin penceresinde tutkuyla kendisine bakan Fotoğrafçıyı görür.

Kadın, geri döner, kaldırım boyunca, otele doğru yürür...
Gözleri otel penceresindedir.
O da gördüğü şeye inanamaz gibidir.
Ama yüzünde bunu beklediğini, bildiğini gösterir yumuşak, duygulu bir ifade vardır.
Pencereden kendisine bakan Fotoğrafçıya doğru yürür.
Kaldırımdan iner, otele doğru bir-iki adım atar.
Kadınla Fotoğrafçı karşı karşıyadırlar şimdi.
Kadının yüzünde şefkat, acı, sevgi...

Fotoğrafçı, kapalı pencerenin ardında, yüzünde inanamayan bir ifadeyle Kadına bakar. Elleri cama bütün gücüyle yüklenmiştir. Kadına doğru bir hamle yapınca cam kırılır.
Kadın bir an durur. Durumun bilincine varır sanki...
Döner, hızlı adımlarla arabaya doğru yürür.

KADIN: Gidiyoruz.

Kasaba Saatçisi, elindeki iri saati yere bırakır. Koşarak Kadının yolunu kesmeye, onu durdurmaya çalışır.

KASABA SAATÇİSİ: Ne olur gitmeyin! Orada aylardır sizi bekliyor... Ne olur gitmeyin Emanet de onda...

İriyarı Adam, saatçiyi iter.

Fotoğrafçı, Kadına yetişmek için hızla otel merdivenlerini inmektedir.

Kadın arabaya binmiştir.
İriyarı Adam da biner...
Arabanın motoru çalışır.

KASABA SAATÇİSİ: Geliyor... Gitmeyin, bekleyin!

Mavi araba hareket eder...

Araba uzaklaşırken otelin kapısında Fotoğrafçı belirir.

Uzaklaşan arabanın arkasından umutsuzca birkaç adım koşar...
Kasaba Saatçisinin yanına, saatçi dükkânının önüne vardığında durur.

FOTOĞRAFÇI: Nereye gittiler?

Kasaba Saatçisi bıkmıştır artık.
KASABA SAATÇİSİ: Bilmiyorum.

Fotoğrafçı, çaresiz, çevresine bakınır.
Yerde buruşturulup atılmış bir kâğıt parçası... Eğilir, alır.
FOTOĞRAFÇI: Bu ne?
KASABA SAATÇİSİ: Beni iten ayı yiyordu... Şeker...
Fotoğrafçı, şeker kâğıdını açar.
İçindeki yazılı mısraları okur:
FOTOĞRAFÇI: 'Durma sefer et diyâr-ı kalb'e
Can bâş ko rehgüzâr-ı kalb'e.'
Fotoğrafçı, şeker kâğıdının öteki yüzünü çevirir. Bir saat kulesi vardır burada. Bir şehrin simgesi...
FOTOĞRAFÇI: Saat kulesi!
Birbirlerine bakarlar. İkisi de aynı şeyi düşünmüşlerdir.
Kasaba Saatçisi, Fotoğrafçının niyetini anlamıştır.
KASABA SAATÇİSİ: Gitme oraya. Karışma bu işe...

Fotoğrafçı onu dinlemez...

Yanından hızla ayrılır.

Fotoğrafçı, gece, otobüste, şehirlerarası yoldadır.
Otobüs karanlıkta ilerler.
Fotoğrafçı otobüsün iç ışığında, elindeki şeker kâğıdına, kâğıttaki kule resmine bakar.
Saat kulesinin görüntüsü.

Kalpler Şehri

Kalpler şehrinin genel görüntüsü...
Önde tepede saat kulesi, arkada şehir.

Fotoğrafçı, şehrin sokaklarında yürür.
Bir köşeyi döner.
Karşısına saat kulesi çıkar.
Kulenin görüntüsü...

Başka bir sokakta Fotoğrafçı yürümektedir.
Karşısına saat kulesi çıkınca durur.

Daha ücra bir sokakta yürür Fotoğrafçı.
Sinirlidir sanki, huzursuzdur.
Dönüp arkasına baktığı zaman saat kulesini yeniden görür, daha da huzursuzlaşır.

Başka bir sokakta bir dükkânın önünde bir çıkrıkçı çalışmaktadır.
Fotoğrafçı ona sokulur.

FOTOĞRAFÇI: Bu kasabada saat kulesini göremeyeceğim bir sokak yok mu?

ÇIKRIKÇI: Yoktur. Saati göremeyeceğin tek yer saat kulesinin içidir...

Kulenin sokaktan görünüşü.
Fotoğrafçı, kuleye bakar.

FOTOĞRAFÇI: Saatçi var mı buralarda?

ÇIKRIKÇI: İleride, sağda...

Fotoğrafçı, kasabanın kenar mahallesinde ilerler.
Bir köşeye gelince bir an durur, şaşkındır.
Duvardaki bir afiş, yere düşmüş trafik işareti, file içindeki toplar, bütün konum ve sokağın uzanışı Şehirler Şehrindeki saatçi dükkânının üzerinde bulunduğu sokağı çağrıştırır.
Kadının rüya mavisi arabası da az ilerde kenardadır.
Fotoğrafçı, arabaya yaklaşır, büyülenmiş gibidir.

Fotoğrafçı arabaya oturmuştur.
Radyosunu karıştırır. Aynaya bağlı muskaya dokunur.
Az ötede bir çocuk seksek oynar.
Eskici, Şehirler Şehrindeki sokağı çağrıştıran bir sesle seslenir.

ESKİCİ: Eskici, eskiler alıyorum, eskici!..

Birden, arabanın sol yanında Kadın belirir, geçer.

Kararlı bir şekilde yürüyerek sokak boyunca uzaklaşır.
Fotoğrafçı, şaşkınlık ve hayranlıkla Kadının gidişini izler.
Arabadan çıkıp Kadının peşine düşer.
Bir rüyada gibi, Kadına yetişemeden, ona kendi varlığını duyuramadan peşinden yürüyordur.
Bir an bir şey görerek donar.

Bir köşeden Saatçi çıkmıştır.
Saatçi, Kadına doğru yürür.
Elinde bir paket vardır.
Kaldırımın kenarında birleşirler.
Saatçi, Kadına elindeki paketi gösterir.

Fotoğrafçı, bir kapı eşiğine gizlenerek onları seyreder.

Kadınla Saatçi birlikte paketi açarlar.
Kadın, kutunun içindeki görülmeyen nesneyi tutar.
Kadınla Saatçi, ortaklaşa iş yapan, bir sorumluluğu paylaşan iki kişinin meraklı, dikkatli hareketleriyle davranırlar.
Çocuklarıyla ilgilenen bir karı-kocaya benzer bir halleri de vardır.

Fotoğrafçı, katılamama ezikliği ve acısıyla onları izler.
Kadınla Saatçi arasında, belli ki, Fotoğrafçıyı dışarıda bırakan ortak bir dünya vardır.
Fotoğrafçı, Kadınla Saatçinin titizlik ve şefkatle inceledikleri kutudaki nesnenin ne olduğunu tam görecekken onlarla arasına bir kamyon girer.

Tıpkı, Şehirler Şehrinde Kadının Saatçiyi kaybettiği zaman geçen kamyon gibi, kırmızı bir kamyon.
Kamyon yol alıp çerçeveden çıktığında Kadınla Saatçi yok olmuşlardır.
Fotoğrafçı şaşırır.
Açık bir ev kapısının kapandığını görür.
Kapıya koşar, vurur.

Kapı açılır: Yaşlı bir teyze belirir, elinde bir bakraç.
YAŞLI TEYZE: Aa, sen sütçü değilsin.
FOTOĞRAFÇI: Birileri girdi içeri!
Fotoğrafçı kapıdan içeri uzanıp sağa sola göz atar, ama kimseyi göremez...
YAŞLI TEYZE: Kimlerdensin sen oğlum?
Fotoğrafçı, Kadınla Saatçinin nereye gitmiş olabileceğini çıkarmaya çalışır.

Öteki köşeye koşar.
Boş bir sokak boyunca ilerler.
Tekrar bir köşeyi döner; kimsecikleri göremez.
Geri döner, başka bir sokağa girecekken...
İleride Saatçinin yürüdüğünü, bir kapıdan içeri girdiğini görür.
Koşar adım o kapıya gider.
Dikkatle, ağır ağır içeri girer.
Kapı bir bahçeye açılır.
Fotoğrafçı birkaç basamak çıkar. Ağaçlar, bitkiler arasında ilerler.
Görüş açısına sırtı dönük olarak oturan Saatçi girer.
Karşısında da biri vardır.

Aynı anda yerdeki kırık bir ampule basar.
Çıkan gürültüden ileride, çarşafların arasında, masada oturan çift ürker.
Dönüp bakarlar.
Saatçiyle Kadın değildir bu çift... Olsa olsa gizlice buluşan âşıklardır.
Fotoğrafçı, Saatçi ile Kadını yeniden kaybettiğini anlar.
Umutsuzluk ve şaşkınlıkla kalakalır.
Geriye, sokağa döner.
Sokakta aynı kız, tıpkı Şehirler Şehrindeki saatçi dükkânının sokağındaki kız gibi, seksek oynar.
File içinde toplar, bakkal dükkânının köşesinden aynı şekilde sallanır.
Aklı, hafızayı karıştıran bir sihir ânı...

Geceyarısı.
Fotoğrafçı, tekbaşına bir meyhanededir. Masalar toplanmış, sandalyeler masaların üzerine konmuştur.
Fotoğrafçı masasında yorgun, bitkin oturur. Önünde boş bir rakı şişesi.
Bir garson ortalığı toplar, iskemleleri masaların üzerine çevirir.
Fotoğrafçıya yaklaşır, kulağına, özür diler gibi fısıldar.

GARSON: Kapıyoruz!

Gece.
Fotoğrafçı, Kalpler Şehrinin boş ve karanlık sokaklarında tekbaşına dolaşır.
Bir kasvet, yalnızlık ve çaresizlik duygusu.

Bir köşeyi döndüğünde saat kulesi gene karşısına hayalet gibi çıkar.
Saat kulesine hayret ve yılgınlıkla bakar...

SABAHÇILAR KAHVESİNDE

Sabah.
Geceyi sabahçılar kahvesinde geçiren Fotoğrafçı, başını bir masaya dayamış uyumaktadır.
Sabahçılar kahvesinde gün başlamıştır: İlk çaylarını içenler, sigaralarını tüttürenler, gevezelik edenler...
Ücra Kalpler Şehrinin insanları... Yoksul, yorgun, tıraşsız kişiler...
Duvarlarda manzara resimleri, eski güreşçilerin tabloları... Zaman dışı bir hava...
Bir ihtiyarın okuduğu gazetenin manşetinde Çin'in Japonya'ya saldırdığı yazılıdır...

Bütünüyle kendini uykuya vermiş olan Fotoğrafçı, masasının sarsılmasıyla uyanır.
Masasına kabadayı kılıklı, kasketli, lacivert ceketli bir adam oturmuştur.

Fotoğrafçıyı uyandırdığını farkeder, gülümser.

LACİVERT CEKETLİ ADAM: Günaydın... (Çaycı çırağına) Bize iki demli çay...

Cebinden bir mektup çıkarır, sessizce okur.
Çaycı iki çay getirip masaya koyar.
Lacivert Ceketli Adam, cebinden bir simit çıkarır. İkiye bölerek yarısını Fotoğrafçıya uzatır.

Fotoğrafçı, istekli değildir, almaz. Çayını karıştırır.

Lacivert Ceketli Adam bundan alınmıştır. Ders verir gibi konuşur.

LACİVERT CEKETLİ ADAM: Sen hüzünle savaşmazsan bütün hayatın boyunca yakanı hiç bırakmaz... korkunç bir hastalık gibi... Boynunu bükersen hüzün adamı yer bitirir... (Çayından bir yudum alır) Ben yıllarca uğraştım!

Verdiği dersten memnundur. Ayağa kakar.

LACİVERT CEKETLİ ADAM: Bugün ruhum kurtuluyor!

Eğilir, yan iskemleden iri bir masa saatini alır, kahveden çıkar.

Fotoğrafçı, ilk anda tepkisizdir.
Ama kucağında iri bir saatle kahveden çıkan adamın vitrinin önünden geçerek uzaklaşmasını görünce uyanır. Bir an kararsızlık geçirir.
Hızla ayağa kalkıp adamın peşine düşer.

Kahveden çıkan Fotoğrafçı, bir köşeyi dönünce Lacivert Ceketli Adamı ileride dar sokağın öbür ucunda görür.
Kucağında saatiyle adam köşeden sapıp kaybolur.
Fotoğrafçı sessizce koşarak peşinden gider.

Fotoğrafçı, Lacivert Ceketli Adamın bir avluya girdiğini görür.
Görülmemeye çalışarak dikkatle onu izler.
Adamı kaybetmekten korktuğu için arada bir koşar

adım ilerler.

Lacivert Ceketli Adam, Kalpler Şehrinin kenar mahallelerine varmıştır.

Bir yokuşu çıkar, bir köşeyi döner, sonra kararlı adımlarla bir başka köşeyi döner.

Peşinde dikkatle onu izleyen Fotoğrafçı... Etraf tenhadır... Köpek havlamaları duyulur.

Fotoğrafçı, gizlendiği köşeden Lacivert Ceketli Adamın, dar bir sokağın ucundaki bir kapıya yanaştığını görür.

Kapı açılır, Lacivert Ceketli Adam içeri girer.

Kapıda bu sefer İriyarı Adam belirir.

Fotoğrafçı köşede gizlenir.

İriyarı Adam, sokağı kolaçan edip içeri girer.

Fotoğrafçı, gizlendiği köşeden çıkar, kapıya doğru yürür.

Fotoğrafçı kapıya yaklaşır.

Bir saat kadranı asılıdır kapıda.

Fotoğrafçı, cesaretini toplayıp kapıya vurur.

Kararını vermiştir artık: Kapıya bir daha vurur.

Açılan kapıda İriyarı Adam belirir.

Tehdit eden, korkutucu bir hali vardır.

İRİYARI ADAM: Evet?

Fotoğrafçı, bir an duraklar.

FOTOĞRAFÇI: Yüreğimi açmaya geldim... (Bir an düşünür) Saatler için... Hikâyem var...

Fotoğrafçı, karşısındaki İriyarı Adamı hatırlar birden:

Garipler Şehrinde, Kadına koruyuculuk eden İriyarı Adamdır bu.

İRİYARI ADAM: Nereden?

Fotoğrafçı cesaretle konuşur.

FOTOĞRAFÇI: Uzun yoldan... Şehrikalp'e...

KALPLER EVİ

İriyarı Adam, Fotoğrafçıyı içeri alır. Kapı kapanır.
İriyarı Adam önde, Fotoğrafçı arkada merdivenlerden bir sahanlığa çıkarlar...
İriyarı Adam, yol gösterir, Fotoğrafçı bir odaya girer.
Fotoğrafçı, odada, tedirgin, ne olduğunu anlamaya çalışır.

Sandalyelere oturmuş on-oniki kişi vardır içeride...
Erkekler, birkaç kadın, köylü giysili, küçük memur kılıklı insanlar...
Dertliler, kederliler, umutsuzlar, yaşlılar... Hepsinin elinde, kucağında getirdikleri kendi saatleri vardır.
Bekliyorlar.
Fotoğrafçı, endişeli, tedirgin, onlarla bir ilişki kuramadan bekleme odasında aşağı yukarı yürür.
Girdiği kapıya bakar.
İriyarı Adamı göremeyince odayı terkeder.

Fotoğrafçı yeniden sahanlıktadır.
Aşağı inen, yukarı çıkan merdivenler görür burada.
Karşısında da başka bir kapı.
Bir anlık kararsızlıktan sonra yukarı çıkan merdivenleri seçer.
Merdivenlerden yukarı ağır ağır, dikkatle çıkar.
Yukarıda, açık bir kapının eşiğinden içeri bakar.
Şaşırır ilk anda, ama dikkatle gözetler içerisini...

Bir masada, dik durumda Saatçi oturmaktadır.

Oturduğu masanın örtüsü, arkadaki perde, Fotoğrafçının Garipler Şehrinde seyrettiği video kasetindeki gibidir.

Saatçinin karşısında bir kamera, kameranın arkasında ise kayıt yapan birinin sırtı gözükür.

Bir ışık yanar.

Saatçi bir an düşünür.

Kamera karşısında konuşmaya alışmış birinin rahatlığıyla anlatır.

SAATÇİ: Yüzümüzde kaybolan anlamı ancak hatırlayarak buluruz... Kayıp güzel zamanları bularak... Acıyı hatırlayarak... Anlatarak... Ruhumuzdaki gizli saatin çarklarını arayarak... Saatler hatırlar...

Sözleri bitince yana döner; elinde saat, sırasını beklemekte olan yaşlıca bir adamı masaya davet eder.

SAATÇİ: Buyurun.

Saatçi, yerini yaşlıca adama verir, küçük kayıt odasını terk eder.

Kameranın yanına gelip çekim için komut verir.

SAATÇİ: (Yaşlıca Adama) Hazır mısınız efendim? (Kameramana) Başlayın.

Yaşlıca Adam, masaya iğreti yerleşmiş, önüne elindeki masa saatini koymuştur.

Tedirgin, kırık dökük bir sesle derdini, hikâyesini bütün içtenliğiyle anlatmaya başlar.

YAŞLICA ADAM: Hayatta en çok kızımı seviyordum... En çok kızımı... Güzel kızımı... Ama o da, tıpkı annesi gibi, beni bir gün bırakıp gitti... Bir sabah yatağımdan kalktığımda baktım, odası boş... bomboş...

Saatçi, kameranın küçük ekranında görüntüyü bir denetler... Kameramanın sırtını okşayıp çekim yerini terk eder.

SAATÇİ: (Kameramana fısıldar) Devam edin...

Saatçinin odadan çıktığını gören Fotoğrafçı, telâşla yer değiştirir.

Az önce Fotoğrafçının gizlendiği sahanlığa çıkan Saatçi, bir an durur. Bir şeyden şüphelenmiştir sanki.

Şehirler Şehrinde, dükkânından çıkar çıkmaz yaptığı bir hareketle, üzerinde, ceplerinde bir şey arar.

Yürüyüp dışarı çıkar.

Fotoğrafçı, telâşla Saatçiden kaçarken başka bir odaya girmiştir.

Burada da, ilk girdiği odadaki gibi, ne yapıldığını ilk önce kavrayamaz.

Uzunca odada üstüste binen sürekli konuşma sesleri duyulur...

Fotoğrafçı, anlamaya çalışarak büyülenmiş gibi merakla odada ilerler.

Aralıklı dizilmiş sandalyelerde oturan kederlileri, dertlileri görür.

Her birinin önünde, tıpkı çekim yerinde olduğu gibi, birer masa, masaların üstünde de birlikte getirdikleri birer saat vardır.

Hepsi tek tek kendi hikâyelerini, dertlerini anlatıyor, yüreklerini açıyorlardır... Belli ki, çekim öncesi kullanılan prova yeridir burası...

Fotoğrafçı, odada ilerlerken, hikâye anlatanları tek tek dinler.

İlk masada elli-ellibeş yaşlarında, gür bıyıklı bir işçi oturmaktadır. Yıllarca çalışmış, yıpranmış biri. Giysileri soluk, sade ve temiz...

Çünkü kendi dilimi konuşamıyorum... Çünkü kendi dilimi konuştuğum zaman başkasının dilini konuşuyor diyorlar... Ben de bir dilekçe daha verdim... Çünkü kendi dilimi unutamıyordum... Çünkü kendi dilimi unutursam sanki başkasının dilini hiç hatırlayamıyorum... Bir dilekçe daha verdim... Çünkü kendi derdimi anlatamıyordum... Kendi derdimi anlatırsam...

Yandaki masada orta yaşlı, başörtülü bir ev kadını, hikâyesini anlatır:

Ağacın altındaki çeşmeyle mutfağımın penceresi arası uzun yokuştur... Ama mutfak penceremden çeşmeyi görürüm. Çeşme aşağıdadır. Elimde su dolu kovalar, yokuşu çıkarken ev aşağıda olaydı diye düşünürdüm... Yokuşu dolularla değil, boşlarla çıkardım.

Üçüncü masada, şehirli olduğu belli, biraz Fotoğrafçıya benzeyen bir delikanlı, hikâyesini anlatır:

Geçen gece seni gene rüyamda gördüm. İnsan benim gibi severse, aynı şekilde sevilebilmeyi hayal eder... Bunu bir umut olarak yaşar... Bunu bir onur olarak yaşar... Rüyamda benim sen olduğum rüyamda...

Dördüncü masada Fotoğrafçı, sabahçılar kahvesinden sonra izlediği Lacivert Ceketli Adamı görür.
İri saatini masasının üzerine koymuştur. Anlatır.

LACİVERT CEKETLİ ADAM: Hüzne yenilmeyeyim diye yıllarca akşamları güneşin battığı saatlerde kahveye indim... Sabahları keder bastırmadan önce, hemen kendimi işe verdim... Yıllarca...

Lacivert Ceketli Adam, Fotoğrafçıyı görünce bir yoldaşı görmüş gibi gülümser.

LACİVERT CEKETLİ ADAM: Biliyordum geleceğini... Gel otur...

Yerinden kalkar, kararsız kalan Fotoğrafçıyı omuzundan tutup masaya oturtur.

Masaya oturmak Fotoğrafçıyı tedirgin eder. Yan masada kalbini açan genci dinler bir an.

LACİVERT CEKETLİ ADAM: Saatin nerde?

Fotoğrafçı, bir kararsızlıktan sonra babasının saatini hatırlar.

Saati iç cebinden çıkarır.

LACİVERT CEKETLİ ADAM: Yüreğine yakın tut ki onu, yüzün konuşsun...

Fotoğrafçı, babasının köstekli saatine dikkatle bakarak hatırlar... Yüreğini açmak için hazırdır artık.

İriyarı Adam, geniş odanın kapısından girer, masalarda oturarak hikâyelerini anlatan kederlileri denetleyerek yürür.

Fotoğrafçıyla Lacivert Ceketli Adamın oturduğu masaya geldiğinde duraklar...

LACİVERT CEKETLİ ADAM: Delikanlı içini açacak! Hazır...

Deri ceketli İriyarı Adam önde, Fotoğrafçı arkada Kalpler Evinin tuhaf koridorlarından geçerler.
Merdivenlerden iner, saatlerin tıkırdadığı sofalardan geçer, yeniden başka merdivenlerden çıkarlar.
İçeride yapılan tuhaf şeylere uygun, labirenti andıran geçişleri olan tuhaf ve basık bir yerdir burası.
Merdivenlerde, sofalarda saatler, tek başlarına tıkırdayarak çalışırlar.

Bir geçitten geçerlerken, Fotoğrafçı, açık bir kapıdan içeri bakar.
Saatçi, masasının başında, içeride çalışmaktadır. Elindeki bir saatle meşguldür. Artık alıştığı yeni hayatının rahatlığı içindedir.
Bir an durur, kapı eşiğinden kendisini seyreden Fotoğrafçıya bakar...
Ama Fotoğrafçıyı hatırlamaz.
Bir an kararsız kalan Fotoğrafçı da, İriyarı Adamın peşinden yoluna devam eder.

Fotoğrafçı, çekim odasına girmiş, çekim masasına oturmuştur. Karşısında kamera...
Lâmbalar yanınca üzerine güçlü bir ışık düşer.
Derin bir soluk alıp verir. Hikâyesine nasıl başlayacağını bilmemektedir belki de.
Sonra, gittikçe daha duyarlı bir sesle anlatır.
Anlattıkça hatırlamakta, bir rüyadan uyanmaktadır sanki...

FOTOĞRAFÇI: Bir zamanlar... Bir zamanlar güzel bir kadın, gençten bir çocuğu kayıp bir hazinenin peşine salmış... Hazinenin esrarını babasından duymuş güzel kadın, haritası yüzlerdedir diyormuş... Delikanlı da kadının söylediklerini aramak için yüzleri harita olanların arasına girmiş... Şehir şehir dolaşmış, ölü kasabalara, kayıp vadilere girmiş... (Bir an durur, düşünür, gözleri dolar) Bir gün unutulmuşların arasında kaybolduğunda güzel kadını da kaybettiğini anlamış... Kendi yüzünün de bir harita olduğunu o zaman farketmiş. Çocuk, artık hazineyi değil, o esrarlı kadını aramaya başlamış... Bir gün bir şehre gelmiş... Neresine gitse bir saat kulesi görüyor ve kadının varlığını hissediyormuş...

Görüntüde karanlıktan bir yerden çıkan Kadının yüzü belirir. Yüzünde şefkat dolu, duyarlı bir ifade...

Fotoğrafçıyı kenardan seyrederek dinler.

FOTOĞRAFÇI: Beni seyrediyor diye düşünürmüş... Ve o zaman, mutsuz hayatından ancak kadının bakışıyla çıkabileceğini anlamış... Çünkü delikanlı hep kadını görüyormuş rüyalarında... Ve her seferinde uykudan gözyaşlarıyla uyanırmış... Onu seviyormuş. Onu, kendi kayıp ruhunu arar gibi, bir rüyadan uyanır gibi seviyormuş.

Kadının yüzünde de aşırı yüklü bir ifade vardır şimdi.
Fotoğrafçı, bir içgüdüyle başını kaldırır ve Kadını, kendisini seyrettiği köşede görerek donar.
Kadın telâşlanır.
Gözlerini Fotoğrafçıdan ayıramadan ağır ağır gerileyerek karanlıkta kaybolur.
Fotoğrafçı, masadan kalkar, Kadının kaybolan görüntüsüne doğru yürür.
Bir kapı çıkar karşısına.
Kadının yüzünü bu kapının penceresinden görmüştür...
Kapıyı açar.
Yeni ve tuhaf bir ışıkta, yeni bir mekânda birkaç adım atınca Kadını görür.

Kadın, tuhaf bir biçimde aydınlatılmış bir odada, ileridedir. Fotoğrafçıdan uzaklaşır.
Bir rüya havası...
Kadın, Fotoğrafçının varlığını hissederek birden durup döner.

Fotoğrafçı denetleyemediği bir sesle konuşur.

FOTOGRAFÇI: Biliyordum seni bulacagımı...
Aralarında yedi sekiz adım kadar bir uzaklık vardır, ama sanki çok uzaktaymış gibidir Kadın.
Bir saat tıkırtısı...

KADIN: Ah canım, hiçbir şey bilmiyorsun...

Fotoğrafçı, Kadına yaklaşacaktır belki, ama ayak sesleri duyulur: Arkada deri ceketli İriyarı Adam belirir. Kadının koruyucusu gibi...

KADIN: Git artık buradan... Şimdi...

Fotoğrafçı uzaklaşamaz, ama İriyarı Adam tehdit eder gibi yaklaşır.
Fotoğrafçı, yaklaşan İriyarı Adamın varlığı karşısında geriler... İstemeye istemeye uzaklaşır.
Kadın, Fotoğrafçıyı kederle izler, o da kendi yönüne doğru yürür, bir an duraklar.

Fotoğrafçı önde, İriyarı Adam arkada, merdivenlerden çıkış kapısına doğru inerler.
Fotoğrafçı, bir an duraklar, ama İriyarı Adamın varlığını fazlasıyla hisseder.
Fotoğrafçı, Kalpler Evinin kapısından dışarı çıkar.
İriyarı Adam, merdivenlerin başında, kıpırtısız, onu izler. Cebinden bir şeker çıkarıp ağzına atar...

SAAT KULESİ

Kalpler Evinden dışarı çıkan Fotoğrafçı, karşısında gene saat kulesini görür.
Saat kulesinin, Kalpler Şehrinin damları arasından görünüşü...

Fotoğrafçı, saat kulesine tutkuyla bakar.
Aklına bir şey gelmiştir. Kuleye doğru yürür.

Kenar bir mahallede, eski evler arasından Fotoğrafçı bir tepeye tırmanır... Tepede gözlerini bir türlü ayıramadığı saat kulesi vardır...

Fotoğrafçı, tepenin doruğuna varır, kararlılıkla saat kulesine sokulur.
Kapıya yaklaşır. İtince kapı açılır.
İçeri girer.
Kulenin iç merdivenlerinden saat kulesinin birinci katına çıkar.

Kararlı, durdurulmaz bir mekanizma takırtısı.
Saatin iri dişlilerini, ağırlığını, ağır ağır sallanan büyük sarkacını görür Fotoğrafçı.
Kulede kimse yoktur.
Yukarı ikinci bir kata çıkan bir duvar merdiveni dikkatini çeker.
O merdivenden ikinci kata çıkar.

İkinci katın penceresinin pancurları arasından Kalpler Şehrine bakar.
Şehirde saat kulesinin görülmediği tek noktadadır şimdi...
Şehrin genel görüntüsü.

Tıkırtısı büyük bir gürültüyle işitilen çark ve zemberek...

Fotoğrafçı, ikinci katta, köşedeki bir tahta yatağa yatmıştır. Üzerinde kaba bir battaniye vardır...
Ama saatin tıkırtısından uyuyamaz...

Fotoğrafçı, birinci kata inmiştir.
Saatin mekanizmasına sokulur.
İri sarkacı eliyle orta yerde tutunca saat durur.
Şaşırtıcı, mutluluk verici bir sessizlik ân'ı...
Dönüp kule bekçisinin masasındaki sürahiden bardağa su doldurup içer.

Gece. Sessizlik.
Saat kulesinin dışarıdan görünüşü.
Akreple yelkovan kıpırdamaz.

Saat durdurulduğu dörtbuçuğu gösterir...
Saatin mekanizması, dişlileri, karanlıkta kıpırtısızdır.
Kule bekçisinin masası, sandalyesi, sürahisi öylece karanlıkta durur.
Fotoğrafçı yer yatağında huzurla uyumaktadır.

Kalpler Şehrinden gece saat kulesinin görünüşü.
Şehir de sessizdir.
Yalnızca bir trafik lâmbasının yanıp sönen turuncu ışığı...

Sabah. Günışığında uyuyan Fotoğrafçı.

Birden bir çan sesi.
Fotoğrafçı ürkerek uyanır. Nerede olduğunu anlayamaz sanki.
Hemen üzerindeki çandır çalan. Saate bağlı çekiç, çana vurur...

Alt katta Kadın, saatin mekanizmasının başındadır.
Kadın, manivelayı çevirerek ağırlığı kaldırır, saati kurar.
Ağırlığı kaldıran zincirin şıkırtısı. Sarkacın tıkırtısı.

Fotoğrafçı, üst kattan, birinci kata iner.

Kadın onu görür, ama şaşırmaz hiç... Saati kurar.

KADIN: Saat susunca burada olduğunu anladım... Niye durdurdun?

FOTOĞRAFÇI: Unutmak istiyordum.

KADIN: İyi uyudun mu?
FOTOĞRAFÇI: Uyudum, ama unutamadım... Rüyamda seni gördüm.

Kadın saatin mekanizmasının başından ayrılır, kule bekçisinin masasına oturur. Masada bir ilaç şişesi, tren bileti ve tarife vardır.

KADIN: Tren bileti, tarife... Buradan tren geçmez ki...
FOTOĞRAFÇI: Rüyamda seni göreceğimi biliyordum.
KADIN: (Hüzünlü ve hafifçe şakacı) Ne yapıyordum rüyanda?
FOTOĞRAFÇI: Yüzümü iki yanından tutmuştun... Hikâyemin sonunu anlatacaktın... Ama gene rüyam tamamlanmadan uyandım...

Kadın dikkatle dinlemiştir onu.

Fotoğrafçı, Kadının oturduğu küçük masaya oturur.

FOTOĞRAFÇI: Rüyamın geri kalanını anlat bana... Bir kere olsun uykudan huzurla uyanayım...

KADIN: (Düşünceli, dalıp gitmiş gibi) Rüyalar tamamlanmaz ki hiç... Hikâyeler tamamlanır... Geçenlerde bir adam geldi, yüzü acıyla yüklüydü... Piyango satıcısıymış... Bir biletin üzerinde bir kadın resmi görmüş ve bir daha unutamamış... Bütün hayatı yolundan çıkmış... Alay etmişler... Yüzünde öyle bir bakış vardı ki... Ona aramasını söylemek isterdim... Resimdeki kadını değil, aramayı seveceğini söylemek isterdim...

Bir sessizlik.

FOTOĞRAFÇI: Gene eskisi gibi olalım... Sana fotoğraflar getireyim. Yüzlere bakar hikâyelerini anlatırsın... Her şey eskisi gibi olsun... Seni seviyorum... Seviyorum seni...

Kadının uzanan eli, Fotoğrafçının yüzünü şefkatle, sevgiyle okşar.

Fotoğrafçı, yüzünü Kadına doğru kaldırır.

FOTOĞRAFÇI: Seviyorum seni.

KADIN: Beni aradığını hiç mi düşünmedim sanıyorsun? Hiç mi istemedim bir gün aradığın yerlerde karşına çıkmayı?.. Bazan bunu o kadar çok isterdim ki, senin bakışın benim bakışım olurdu... Kederlilerin bulunduğu bir şehirde beni arıyordur diye düşünürdüm... Ben de o şehirde olurdum... Şimdi gazete kesiklerindeki yüzlere bakıyordur derdim... O yüzlerin her biri benim yüzüm olurdu... Seni bazan öyle bir düşünürdüm ki, baktığın bütün dünya ben olurdum... O zaman anlardım artık, beni değil, dünyayı istediğini...

Fotoğrafçı, Kadının ellerini tutar, yüzünün iki yanına götürür. Fısıldar gibi sorar.

FOTOĞRAFÇI: Ne görüyorsun, söyle...

Kadın, sevgiyle hatırlar.

KADIN: Sabahları getireceğin resimler kadar seni de beklerdim... Meraklı, zeki bakışlarını severdim... Ama getireceğin resimlerden bir gün aradığım yüzü bulacağımı da bilirdim...

Kadın, ellerini Fotoğrafçının yüzünden yavaşça indirirken Fotoğrafçının başı önüne düşer.
Kadın, masadan kalkar, kulenin yuvarlak penceresinden gelen ışığa doğru yürür.

KADIN: Yanılmıyorum ben canım, değilim ben o aradığın yüz. (Fotoğrafçıya döner) Bazan, getirdiğin fotoğraflara bakarken bakışını yüzümde hisseder, bir başkası, bambaşka biri olabilir miy-

dim acaba, diye düşünürdüm... O zaman birbirimize baktığımızda dünyayı değil, birbirimizi görürdük... Kendimizi... Dünyayı aramazdık. (Pencereden gelen ışığa bakarak dalar.) Hâlâ geceye gündüz demek istiyoruz, gündüze de gece... Oysa öyle basit ki her şey... Gece karanlık, gündüz de aydınlık... Birazdan daha da aydınlanacak... Ben bütün ömrümü saatlerle, yüzlerle geçireceğim... Sen Şehirler Şehrine döneceksin. Birbirimizi hiç mi hiç görmeyeceğiz... İnan bana, aradığın o hayâl değilim ben, hiç değilim...

Fotoğrafçı, ağlamaya başlamıştır, sessizce hıçkırır.

KADIN: Canım, ağlama, ağlama ne olur...

Fotoğrafçı biraz olsun doğrulur.

Kadın, saat kulesinden çıkmıştır.
Kulenin arkasındaki toprak yoldan arabasına doğru yürür...
Fotoğrafçı oturduğu masada kalakalmıştır.

Saatin boşalan yayı.

Fotoğrafçı, saat kulesinin kapısından çıkmış, kendisini bekleyen Kadına doğru yürümektedir.
Toparlanmıştır biraz.
Kulenin üzerindeki saat sekizbuçuğu gösterir.
Fotoğrafçı arabaya yaklaşır.

Kadın, Fotoğrafçıya bir saat uzatır.
Fotoğrafçı saati alır.

KADIN: Babanın mıydı?

Fotoğrafçının Kalpler Evinde unuttuğu, babasının saatidir bu.
Fotoğrafçı cevap vermez.
Bir sessizlik.
Kadın, Fotoğrafçının babasının öldüğünü anlamıştır.
Fotoğrafçıya son bir kere bakar, arabasına biner.
Araba çalışır, uzaklaşır.

ESKİCİNİN HİKÂYESİ

Hafiften bir yağmur başlamıştır.
Fotoğrafçı, saat kulesinin arkasındaki toprak yolda ilerler.
Bir su yüzeyine vuran yağmur damlaları...
Fotoğrafçı yoluna devam ederken küçük bir kızın ağlayışını, iç çekişini duyar.

Az ileride, tek atlı fakir arabasıyla bir eskiciyle kızını görür.

Eskici, arabasından hurdalar, soba boruları, eski eşyalar indirirken ağlayan kızını yatıştırır bir yandan da...

ESKİCİ: Ağlama benim güzel kızım, ağlama... Sus artık, yorma kendini... Alırım sana bir tükenmez kalem... Hem de çıtçıtlı değil, yaylı alırım sana... Ağlama artık, oldu mu? Sus hadi, ağlama...

Fotoğrafçı daha da yaklaşmıştır. Arabasını boşaltan Eskici görür onu.
Kız hâlâ ağlamaktadır.

Eskici, arabasını boşaltırken, biraz maskaraca, biraz da taklitçi bir havayla konuşur.

ESKİCİ: Anası yok, babasına da güvenmez... (Güler) Söylesene cancağızım, hayatta insan her istediğini elde edebilir mi hiç?

Fotoğrafçı bir an düşünür. Sonra belli belirsiz gülümser. Eski bir bankın üzerinde ayakta duran kıza sevgiyle bakar.

FOTOĞRAFÇI: Edemez.

ESKİCİ: (Kızına) Gördün mü bak? (Fotoğrafçıya) Sevdim seni cancağızım... Al benden de sana bir hikâye...

Arabasından eski püskü eşyalarını boşaltırken, neşeyle, bağıra bağıra anlatır.

ESKİCİ: Bir zamanlar uzak bir ülkede bir hırsız yaşarmış... Hayâl hırsızı... Geceleri mışıl mışıl uyuyanların rüyalarına girer, hoşuna gidenleri torbasına doldurur çalarmış... Sabah da uyananlar içlerinde bir huzursuzluk hissederlermiş, bir eziklik... Bunlar kalkıp bir ermişe gitmişler, dertlerini anlatmışlar... Ermiş de akıllı ermişmiş ha! Onlara demiş ki, madem ki siz rüyalarınızı kaybettiniz, o zaman bana umutlarınızı anlatın... Ama dertli kişiler rüyalarında çalınan şeyleri hatırlayamazlarmış bir türlü. Hatırlayamadıkları için de umutlarını kuramazlarmış... Neden?.. Çünkü rüyaları benim torbada da ondan...

Torbasını boşaltmaya başlar. Çıkardıklarını maskaraca hareketlerle, neşeyle gösterir.

ESKİCİ: Bir ayna... Bir ütü... Bir lâmba...

Eskici keyifli bir kahkaha atar.

Kızı da susmuştur artık. Babasının neşesiyle neşelenmiştir.

Fotoğrafçı kederle de olsa gülümser.

Sonra bir şey hatırlamış gibi, başını kaldırıp ileriye yukarıya bakar.

İlerde, tepede, çıplak yalnız bir ağaç...

FİLMİN HİKÂYESİNİN HİKÂYESİ

ORHAN PAMUK

Senaryo kitaplarının okunmadığını kendimden biliyorum. Çok sevdiğim, aklıma takılan bir film olursa, ben de arada bir bu kitaplardan bir tane alır, okuma umuduyla bir köşeye koyar, çok sonra kitabı açtığımda senaryoyu değil, sizin de şimdi yaptığınız gibi önce kitabın sonuna eklenmiş bu yazıları okumaya başlarım: Sevdiğim sahneleri, bazı konuşmaları okumak için senaryonun kendisine döndüğümde bilirim ki bir hayâl kırıklığı kaplayacaktır içimi: Sanki, görülmez bir el, hikâye denen müziğin en can alıcı noktasında radyonun düğmesini çevirip sesi kısmıştır; sanki çevirdiğim sayfalarda çok fazla boşluk, pek az paragraf vardır: Yazar ya da kahramanlarla değil, kendisiyle başbaşa kalır insan. Bu eksikliği kapatmak umuduyla kitaba babadan kalma paragraflar ekliyor, hikâyenin hikâyesini anlatmaya çalışıyorum.

Kara Kitap'ı yazdığım, romanın dumanlarıyla kafamın karmakarışık olduğu günlerden bir gün, Ömer Kavur telefon edip beni aradı, aklında bazı temalar, belli belirsiz bir konu olduğunu, senaryoyu yazıp yazamayacağımı sordu. Daha sonra, birlikte yemek yerken, önceden de tahmin ettiğim gibi içinde çiftler-ikizler izleği olan bir hikâyeden söz etti bana. Anlattığı hikâyeden çok, kimi filmlerini, özellikle *Anayurt Oteli*'ni hayranlıkla seyrettiğim Ömer Kavur için bir senaryo yazma düşüncesi bana çekici geldiği için, ben de ona aklımdaki bazı konuları, hikâyeleri anlatmaya başladım. O sıralarda aklımda *Kara Kitap*'tan başka bir şey olmadığı için anlattıklarımın çoğu bu kitaptaki küçük hikâyelerdendi...

Böylece bir süre karşılıklı oturup birbirimize hikâyeler anlattık. Her hikâye, umutla başlıyor, kuşkuyla devam ediyor, bundan iyi bir film çıkmayacağını anlayarak umutsuzlukla son veriyorduk. *Kara Kitap*'taki 'Karlı Gecenin Aşk Hikâyeleri' başlıklı bölümden pavyon fotoğrafçısının hikâyesini anlatmaya başladığım zaman, hikâyedeki kahramanlar gibi söyleyeyim, aradığımızı bulduğumuzu da biliyordum. Ömer, o zamanlar adı bile belli olmayan *Kara Kitap*'ı ne zaman bitirip senaryoya başlayabileceğimi sordu bana. İki ayda kitabın biteceğini söyledim ben de ona.

Böylece, yirmi ay sonra, kitabı bitirir bitirmez senaryoyu yazmaya başladım. *Kara Kitap*'taki haliyle hikâyemin başlangıcı ve verebileceği fırsatlar zengindi zengin olmasına, ama hikâye anlatıldığı pavyondaki acımasızlık ve kara mizah havasına fazlaca batmıştı, romandaki temaları yansıtan bir şakadan ibaret güdük bir sonu vardı. Kadın dul, fotoğrafçımız ise hikâyesini anlatırken ihtiyar ve kurşuni saçlıydı. Hikâyeyi, onu bir yaz günü bir kıyı boyunca aşağı yukarı yürürken ilk hayâl ettiğim haline, en saf şekline döndürerek işe başlamam gerektiğini biliyordum. Bu yüzden, hayâlimde yaptığım ilk iş fotoğrafçıyı gençleştirmek, kadının evliliğini de iptal etmek oldu. Bu saflığı, ilk saflığı bulduktan sonra hikâyemi istediğim gibi ilerletebilirdim. İyimserlikle işe başlamadan önce Ömer'e senaryo yazma tekniği üzerine birşeyler sorduğumu hatırlıyorum: Sayfayı ortadan ikiye mi bölecektim, bir yana konuşmaları, bir yana hareketleri mi yazacaktım, vs... Dilediğim gibi yazmamı söyledi Ömer bana...

Dilediğim gibi de yazdım... İlk başlarda, Ömer yazdıklarıma fazla yaklaşmadıysa bunun nedeni benim çekingenliğim değil, tıpkı romanlarımda yaptığım gibi hikâyeye ('senaryo' demeye her zaman kalemim varmıyor) en sevdiğim, yazmayı en istediğim yerden, ortadan bir yerden başlamamdır. Başlangıca dönüp hikâyeyi kaynağından akıtmaya başladıktan sonra denilebilir ki, birlikte çalışmaya başladık.

Ben yazdıkça, tıpkı bir romanı yazarken olduğu gibi, önceden hesapta olmayan bir yığın yan öge, konucuk, tema, kişi, eşya, yer, ıvır zıvır hikâyeme kendiliğinden giriverdiler: Unutulmuş kasabalar, ütüler, masalar, saat kuleleri, kasaplar, ortalıkçı kadınlar, Şeyh Galip'ten mısralar, çayhaneler, ağaçlar... Bunların bir kısmı hikâyenin içinden çıkıyordu, bir kısmı hâlâ o sıra kurtulamamış olduğum *Kara Kitap*'ın başka sayfalarından; bazıları Ömer Kavur'un film dünyasından, hatta eski filmlerinden tek tek çıkıp geldiler, bazıları da Türkiye coğrafyasından. Hikâyenin dünyasına hizmet ettikleri sürece onları aramızda görmeyi sevinçle kabul ettim. Yazmak, o çok söylenen basmakalıp deyişle, bir yolculuğa çıkmaksa eğer, yazmak mutluluğu da yolculuk boyunca karşınıza çıkıveren bu yol arkadaşlarını kendi dünyanıza kazanabilmenin sevinci olmalı.

Sözgelimi, Kastamonu'daki saat kulesini bu sevinçle selâmlayıp hikâyemize oturttuk. İlk haliyle senaryoda Kalpler Şehrinin her sokağından gözüken ve şehrin bir işareti olacak bir saat kulesi vardı, ama Ömer mekân seçimi için yaptığı sonu gelmeyen gezileri sırasında Kastamonu'daki 'o' kuleyi bulunca hikâyede kuleye uygun değişiklikler yaptım. Şehrin üzerinde oturuşu ve duruşuyla kule sanki senaryoyu okuyarak beğenmiş istekli bir oyuncu gibiydi. Bu ağırbaşlı ve vakur oyuncuyu, Ömer filmde öyle bir oynattı ki, filmi seyreden bazıları, tıpkı Kalpler Şehrinde olduğu gibi Kastamonu'da da kulenin şehrin her sokağından görülebildiğine inandılar... Gazete kesiklerine, yüz fotoğraflarına baka baka bekleyerek kaybolan kahraman izleği de hikâyeye *Kara Kitap*'tan çıkıp geldi, ama başlangıçtaki hikâyenin içinde de vardı. Aynı şey *Gizli Yüz*'e *Kara Kitap*'tan sızmış gibi gözüken başka ayrıntılar için de söylenebilir, otobüs yolculukları, taşra otelleri gibi Ömer Kavur filmlerinden çıkıp gelmiş ayrıntılar için de.

Senaryoyu yazmaya başlamadan önce aklımda olan,

yazarken ve Ömer ile çalışırken de hep düşündüğüm, bağlı kalmak istediğim ve sonunda senaryonun, filmin özüne, ruhuna, her neyineyse işte damgasını vuran bir iki düşünce de baştan aklımda vardı tabii.

İlk başlarda 'film içinde film' dediğim video sahneleriyle hem çok yalın bir aşk hikâyesi olarak görmeye çalıştığım hikâyenin özünü açığa çıkaracak basit, temiz, hatta ilkel görüntüleri filme katmayı, hem de hikâyeyi yalnızca geleneksel bir aşk hikâyesi yapacak yapısal yalınlıktan kurtarabilmeyi umuyordum. Sinemada kendimizi unutarak seyrettiğimiz bir dizi görüntüyü, film içindeki filme indirgeyerek bizi şaşırtacak, uyaracak, sevindirecek bir filmi düşlemek çok zor olmamalı; belki yapılmıştır bile... Filmdeki video sahnelerini daha uzun, daha zengin, daha karmaşık tutmaya Ömer Kavur'u ikna edebilmek isterdim.

Ömer de beni senaryodaki monologları daha da kısa tutmaya ikna edebilmek isterdi. Birlikte çalışırken, yaklaşmakta olan bir monologdan benim her söz edişimde, Ömer, bir yağmurun yaklaştığını farkedip şemsiyesini arayan biri gibi telâşlanırdı biraz. Kahramanların içlerini açacakları uzun monologlar yazmak istediğimi ona daha işin en başında söylemiştim. Bunu ne için yapmak istediğimi, bu monologlarla ne anlatmak, neye işaret etmek istediğimi şimdi bile açıkça söyleyemem... Onları yazmak istiyordum!..

Öte yandan, bu monologlardaki kimi ögelerin öne çıkarılarak filmin bir edebi metin gibi okunması, filmin değil, senaryonun okunması olur. Elbette ki o uzun konuşmaları bir edebiyat zevkiyle yazdım, hatta bu senaryoyu belki de aynı zevkin yanılsamasıyla yayınlıyorum, ama sinema koltuğunda oturularak seyredilecek bir sahnenin yalnızca önemlice ve 'ses ögeleri' olduklarını da biliyordum onların. Kahramanlar başka şeyler de anlatabilirlerdi ve bu filmden alınacak zevklerden çok senaryodan alınabilecek zevkleri (böyle bir şey mümkünse tabii) değiştirirdi.

Aynı şekilde, hikâyedeki kimi eşyaları, motifleri, yapıları öne çıkararak onlara simgesel anlamlar yüklemek de beni heyecanlandıran, sevindiren bir şey değil. En sonunda, kadının tutkuları ve hikâyesi, Saatçinin tutkuları ve hikâyesiyle birleşince bir üçüncü hikâyenin daha çetrefilleşen dilini işitmeye başlıyoruz. Belâgata dayalı bu dilin anlamından çok hikâyenin akışı, ritmi, havası daha önemli. Bir yolculukta arabanın ön koltuğuna oturur, pencereden akan görüntüleri pek de heyecanlanmadan seyrederiz. Aynı arabaya yerleştirilen bir kameranın çektiği görüntüleri koltuğumuza oturup beyazperdede seyredersek içimizi bir heyecan kaplar. Sinemanın büyüsü denen şey budur belki. Bir senaryo bu büyüye hizmet edemiyorsa yalnızca yazarın gururunu doyurmaya yarar.

Madem oraya da geldik, sinema heyecanı üzerine de bir-iki cümle kurayım. Yazacaklarım, artık hiç kitap okumayan, ama söz kitaba geldi mi herkesten önce kitap okumanın yararları üzerine konuşanların sözlerine benzeyecek mi bilmem; çünkü eskisi kadar film seyretmiyorum artık. Bir zamanlar İstanbul'daki konsoloslukların, iyi niyetli sinema kulüplerinin kapılarını aşındırır, dışarıda bombaların patladığı soğuk kış günlerinde mazotsuzluktan ve parasızlıktan ısıtılmamış salonlarda kat kat kazaklar, ceketler, paltolar, takkeler altında oturan üç-beş kişiyle birlikte film seyrederdik. Kişisel olarak tanımadığım diğer üç-beş kişinin yüzünü, aynı salonlara gire çıka, bir akrabanın yüzü gibi tanır, arar olmuştum.

İnsan ne için bir senaryo yazar? Bir filmin başarısı ya da başarısızlığından bir sosyal olaydan sözedilir gibi sözedilen gelişmiş ülkelerde bile senaryoculuk kimse için bir amaç değildir. Kimi para kazanmak için senaryo yazar, kimi yönetmenliğe atlamak için bu işi bir ara-durak olarak görür. Açıkçası, bu iki dürtüyü de, içimde öyle çok fazla duymadım. Bir *başkası* ile oturup hikâye kurmak, bir filmi düşlemekti beni daha çok heyecanlandıran.

Birlikte çalışırken, beş on sayfa yazıyor, bunu Ömer'e veriyor, sonra hikâyenin gideceği yer hakkında ona birşeyler anlatıyordum. Ömer de okudukları hakkında düşündüklerini söyler, gelecek sahnelere ilişkin aklına gelenleri anlatırdı. Böylece karşılıklı konuşa konuşa hikâyenin ya da filmin hayâllerine dalardık. Sonraki adımın tam ne olduğunu çıkaramadığımız belirsizlik anlarında ise bir sessizlik olurdu. O zaman, benim evde 'çalışıyorsak' eğer, ben oturduğum çalışma masamdan kalkar, yanıbaşımdaki kanepeye psikanalize yatan bir hasta gibi uzanır, tavana bakmaya başlardım. Ömer, kâğıtlar, kitaplar ve tozla dolu benim çalışma odamın yarım yüzyıllık parkelerini gıcırdatarak aşağı yukarı yürümeye koyulurdu. "Kadın, merdivenlere açılan kapıya doğru yürüyor, sehpanın üzerindeki fotoğraf kesiklerini görüyor..." derdi ikimizden biri belli belirsiz bir heyecan ve umutsuzlukla. Yeni bir sessizlik daha olurdu. O zaman, akşamüstü Nişantaşı Meydanı'nda sıkışan trafiğin uğultusunun duyulduğu o sessizlikte, uzandığım yerde, onbeş yıllık yazı hayatımda ilk defa bir hikâyenin sorunlarını çözerken tek başına karar vermediğimi ve bu şaşırtıcı değişiklikten tuhaf bir zevk aldığımı düşünürdüm.

Bu zevki, birlikte hikâye kurma zevkini bana tattırdığı için Ömer'e ne kadar teşekkür etsem azdır. Bir daha senaryo yazarsam gene bu tuhaf zevk için yazacağım.

Aralık 1991

'GİZLİ YÜZ'
filminin künyesi

Yönetmen: *Ömer Kavur*
Özgün Senaryo: *Orhan Pamuk*
Görüntü: *Erdal Kahraman*
Özgün Müzik: *Cahit Berkay*
Kurgu: *Mevlut Koçak*
Sanat Yönetmeni: *Huşper Akyürek*
Alfa Film adına Yapımcı: *Sadık Deveci*
Yönetmen Danışmanı: *Aslı Selçuk*
Yardımcı Yönetmen: *Arslan Kacar*
Yönetmen Yardımcısı: *Serpil Kurtça*
Sanat Yönetmeni Yardımcıları: *Turan Alok, Şahin Alparslan*
Kamera Asistanı: *Metin Erdoğdu*
Fotoğraflar: *Şahin Alparslan*
Işık: *Recep Biçer*
Işık Yardımcıları: *Remzi Biçer, Salim Burgucu, Adnan Gürkonak*
Set Amiri: *Erdal Sümer*
Set Yardımcıları: *Recai Sümer, Ertan Sımsıkı*
Ulaşım: *Celal Dayan*

GİZLİ YÜZ'ün laboratuvar işlemleri ŞAFAK FİLM Stüdyosu'nda gerçekleştirilmiştir.

Görüntü Sırasına Göre Oyuncular:

Fotoğrafçı: *Fikret Kuşkan*
Kadın: *Zuhal Olcay*
Garson: *Ahmet Açan*
Otobüs Şoförü: *Celal Dayan*
Saatçi: *Rutkay Aziz*
Köstekli Saatli Müşteri: *Semih Demirel*
Ufak Adam: *Orhan Başaran*
İri Adam: *İlyas Demir*
Kapıcı: *İskender Sönmez*
Baba: *Ali Uzun*
Anne-Öğretmen Kadın: *Sevda Ferdağ*
Ağabey: *Arslan Kacar*
Gelin: *Nuray Demirışık*
Kasketli Adam: *Erdal Sümer*
Kasaba Saatçisi: *Savaş Yurttaş*
Kasap: *Ayton Sert*
Otel Kâtibi: *Mehmet Aktar*
Ortalıkçı Kadın: *Fatma Günüşen*
Su Memuru: *Süer İzat*
Can Yoldaşı: *Tuncay Akça*
Fedai: *Yaşar Kutbay*
Kadının Şoförü: *Yaşar Savun*
Çıkrık Ustası: *Mehmet Bülbül*
Kabadayı: *Kemal İnci*
Vatandaş: *İhsan Ergin*
Dilekçeci: *Nurettin Şen*
Başörtülü Kadın: *Zahide Şeker*
Delikanlı: *İlhan Kalafatoğlu*
Eskici: *Salih Kalyon*
Eskicinin Kızı: *Şerife Yaman*

Film çekimi başlangıç tarihi: 24 Ekim 1990 Çarşamba
Film çekimi bitiş tarihi: 4 Aralık 1990 Salı

Kasım 1990. Seyrek gittiğim çekim günlerinden birinde. Ömer sakin gözüküyor, ben sakin gözükmeye çalışıyorum, Zuhal Olcay soğukta çayla ısınıyor, Fikret Kuşkan, Zuhal Olcay'ın 'gizli yüz'ü aradığı büyüteçle benim kafamı inceliyor. Fotoğraf, bu kitaptaki bütün öteki fotoğraflar gibi Şahin Alparslan'ın. (O.P.)

"Şeklen deneysel, bilgi yüklü, ama elden bırakılamayan romanları Orhan Pamuk'a uluslararası bir ün kazandırdı."

The New York Times

ÖTEKİ RENKLER

Öteki Renkler yazarın çocukluk anılarından mutluluk saatlerine, romanlarını nasıl yazdığından gezi notlarına, sevdiği yazarlar ve kitaplar hakkında eleştirilerinden kişisel itiraflarına, şikâyetlerine, siyasi öfkelerine, kültür ve gündelik hayat konusundaki heyecanlarına uzanıyor ve Orhan Pamuk'un yalnız romanda değil, düzyazıda da ne kadar usta olduğunu kanıtlıyor. Yirmi beş yıldır yazdığı düzyazılardan, tuttuğu defterlerden, yaptığı röportajlardan yapılan bu titiz seçmede Pamuk, zaman zaman eğlenceli, kışkırtıcı, çözümleyici olan bir dille kızı Rüya ile arkadaşlığını, bayram ziyaretlerini, sigarayı bırakışını, gençlik bunalımlarını, yazarın günlük hayatını, sinema zevkini, Boğaz'daki eski yangınları, bildiği İstanbul'u, yalnızlık ve mutluluk üzerine takıntılarını, toplumun ve kendisinin korkularını ve paranoyalarını anlatıyor; Dostoyevski'den Tanpınar'a, Kemal Tahir'den Oğuz Atay'a pek çok yazar ve kitabı tartışıyor; roman kuramı ve tarihi roman, Doğu ve Batı, milliyetçilik ve Avrupa konusundaki düşüncelerini açıyor. Bir çocuğun gözünden anlatılmış ve Nişantaşı'nda geçen *Pencereden Bakmak* adlı uzun hikâye ile birlikte bu kitap Orhan Pamuk'un renkli dünyasını daha da derinleştirip genişletiyor.

KAR

On iki yıldır Almanya'da sürgün olan şair Ka Türkiye'ye dönüşünden dört gün sonra, bir röportaj için Kars şehrinde bulur kendini. Ağır ağır ve hiç durmadan yağan karın altında sokak sokak, dükkân dükkân bu hüzünlü ve güzel şehri ve insanlarını tanımaya çalışır. Kars'ta ağzına kadar işsizlerle dolu çayhaneler, dışarıdan gelmiş ve kardan mahsur kalmış gezgin bir tiyatro kumpanyası, intihar eden ve türban direnişi yapan kızlar, çeşitli siyasal gruplar, dedikodular, söylentiler, Karpalas Oteli ve sahibi Turgut Bey ile kızları İpek ve Kadife ve Ka için bir aşk ve mutluluk vaadi vardır.

"O ne bir ideolog, ne bir siyasetçi, ne de bir gazeteci.
Orhan Pamuk büyük bir romancı."
— *New York Times*

Benim Adım Kırmızı

Orhan Pamuk'un "en renkli ve en iyimser romanım", dediği *Benim Adım Kırmızı*, 1591 yılında İstanbul'da karlı dokuz kış gününde geçiyor. İki küçük oğlu birbirleriyle sürekli çatışan güzel Şeküre, dört yıldır savaştan dönmeyen kocasının yerine kendine yeni bir koca, sevgili aramaya başlayınca, o sırada babasının tek tek eve çağırdığı saray nakkaşlarını saklandığı yerden seyreder. Eve gelen usta nakkaşlar, babasının denetimi altında Osmanlı Padişahı'nın gizlice yaptırttığı bir kitap için Frenk etkisi taşıyan tehlikeli resimler yapmaktadırlar. Aralarından biri öldürülünce, Şeküre'ye aşık, teyzesinin oğlu Kara devreye girer. İstanbul'da bir vaizin etrafında toplanmış, tekkelere karşı bir çevrenin baskıları, pahalılık ve korku hüküm sürerken, geceleri bir kahvede toplanan nakkaşlar ve hattatlar sivri dilli bir meddahın anlattığı hikâyelerle eğlenirler. Herkesin kendi sesiyle konuştuğu, ölülerin, eşyaların dillendiği, ölüm, sanat, aşk, evlilik ve mutluluk üzerine bu kitap, aynı zamanda eski resim sanatının unutulmuş güzelliklerine bir ağıt.

Yeni Hayat

"Bir gün bir kitap okudum ve bütün hayatım değişti."

Orhan Pamuk'un benzersiz bir ilgiyle karşılanan coşkulu, lirik ve sihirli romanı *Yeni Hayat* bu sözlerle başlıyor. Okuduğu bir kitaptan sarsılarak etkilenen, sayfalardan neredeyse fışkıran ışığa bütün hayatını veren ve kitabın vaat ettiği yeni hayatın peşinden koşan bir kahramanın bu olağanüstü hikâyesi Türkiye'de hiçbir romanın ulaşmadığı bir hızla okundu ve yaygınlaştı. Bir yandan Hayat'ın, Eşsiz Anlar'ın, Ölüm'ün, Yazı'nın, Kaza'nın sırlarına, bir yandan da çocukluğun resimli romanlarına, bir belirip bir kaybolan bir meleğe ve Dante'nin, Rilke'nin şiirlerine açılan bu sarsıcı roman, siyah beyaz televizyonlu kahvelere, video seyredilen otobüslere, trafik kazalarına, siyasî kumpas ve cinayetlere, bayi örgütlerine, paranoyakça kuramlara, saat kadar dakik muhbirlere, kaybolan eski eşyaların şiirine ve taşranın öfkesine uzanıyor.

Yeni Hayat, Orhan Pamuk'un, çağdaş dünya romanının en özgün yaratıcılarından biri olduğunu bir kere daha kanıtlıyor.

"*Yeni Hayat* insana Walter Benjamin'in, bütün büyük edebiyat eserleri bir biçimi ya sona erdirir ya da bir yenisini başlatır, yani özel vakalardır, sözünü hatırlatıyor. *Yeni Hayat* özel bir vaka."
— *The Guardian,* Londra

Kara Kitap

Galip, çocukluk aşkı, arkadaşı, amcasının kızı, sevgilisi ve kayıp karısı Rüya'yı karlı bir kış günü İstanbul'da aramaya başlar. Çocukluğundan beri yazılarını hayranlıkla okuduğu yakın akrabası gazeteci Celâl'in köşe yazıları, bu arayışta ona işaretler yollayacak ve eşlik edecektir. Okuyucu, bir yandan her bacası, her sokağı, her insanı başka bir esrarlı âlemin işaretine dönüşen İstanbul'da Galip'in araştırmalarını ve karşılaştığı kişileri izlerken, bir yandan da bu araştırmaları değişik işaretler ve tuhaf hikâyelerle tamamlayan Celâl'in köşe yazılarıyla karşılaşır. Eski cellatların hikâyelerinden Boğaz'ın sularının çekileceği felaket günlerine, kılık değiştiren paşalardan kültür tarihimizde kalmış esrarlı cinayetlere, karlı gecenin aşk hikâyelerinden yüzlerimizin üzerindeki anlamın sırlarına, İstanbul'un ücra ve karanlık köşelerinden gülünç ve tuhaf kişilerine, yakın tarihimizden günlük hayatımızın unutulmuş ve şaşırtıcı ayrıntılarına kadar uzanan bir arayış.

"Zengin, yaratıcı, modern bir ulusal destan."
— *The Sunday Times*, Londra

Beyaz Kale

17. yüzyılda Türk korsanlarınca tutsak edilen bir Venedikli, İstanbul'a getirilir. Astronomiden, fizikten ve resimden anladığına inanan bu köle, aynı ilgileri paylaşan bir Türk tarafından satın alınır. Garip bir benzerlik vardır bu iki insan arasında. Köle sahibi, kölesinden, Venedik'i ve 'Batı' bilimini öğrenmek ister. Bu iki kişi, efendi ile köle, birbirlerini tanımak, anlamak ve anlatmak için, Haliç'e bakan karanlık ve boş bir evde, aynı masanın iki ucuna geçip oturur, konuşurlar. Hikâyeleri ve serüvenleri, onları, veba salgınının kol gezdiği İstanbul sokaklarına, Çocuk Sultan'ın düşsel bahçelerine ve hayvanlarına, inanılmaz bir silâhın yapımına, 'ben neden benim' sorusuna götürecektir. Hikâyelerin günden geceye doğru ilerlemesiyle, gölgeler yavaş yavaş yer değiştirirler.

"Pamuk'un ustalığı bu kadar kısa ve yalın bir romana
bu kadar çok düşünceyi rahatlıkla sığdırabilmesinde."
— *The Guardian*, Londra

SESSİZ EV

Sessiz Ev, Orhan Pamuk'un ikinci romanı. Yayımlandığında heyecanla karşılanmış, pek çok yabancı dile çevrilmiş, yurt içinde ve yurt dışında ödüller almıştı.

Biri tarihçi, biri devrimci, biri de zengin olmayı aklına koymuş üç torun İstanbul yakınlarındaki Cennethisar kasabasındaki babaannelerini ziyaret eder, dedelerinin yetmiş yıl önce siyaset yüzünden sürgün edildiğinde yaptırdığı evde bir hafta kalırlar. Bu sürede, babaannelerinin doksan yıllık anılarla yüklü geçmişi ağır ağır aralanırken, dedenin, Doğu ile Batı arasındaki uçurumu bir çırpıda kapatacağını sandığı büyük bir ansiklopediyi yazışı hatırlanır. Evde sessiz gözlemleriyle kuşaklar arasında köprü kuran tanıklar, bahçe duvarlarının ötesinde ise aile ile ilgilenen tutkulu gençlerin hareketleri vardır.

1991 PRIX DE LA DÉCOUVERTE EUROPÉENNE (AVRUPA KEŞİF ÖDÜLÜ)

"Bu güzel ve hüzünlü kitap, üç mutsuz kardeşin, İstanbul yakınlarındaki küçük bir sahil kasabasında, doksan yaşındaki babaannelerinin evinde geçirdiği bir haftayı anlatıyor... Şaşırtıcı bir başarı..."

The Times Literary Supplement, Londra

Cevdet Bey ve Oğulları

Orhan Pamuk bu ilk romanında İstanbullu bir ailenin çevresinde, Türkiye'nin son yüzyıllık macerasını anlatıyor. Yüzyıl başında, Abdülhamit'in son günlerinde İstanbul'da, Vefa'daki bir evde açılan roman, ağır ağır ilerleyerek modernleşme tarihimizi yaşanan anlar dizisi olarak ustalıkla canlandırıyor ve Nişantaşı'nda bir apartman çevresinde sonuçlanıyor.

ORHAN KEMAL ROMAN ARMAĞANI

MİLLİYET YAYINLARI ROMAN ÖDÜLÜ

"Örneğine kolay rastlanmayacak bir çağ romanı...
Şimdiden Türk romanına köşebaşı açıyor."
— Selim İleri

"Büyük bir başarı... Hiç duraksamadan en beğendiğim
yirmi Türk romanı arasına alırdım."
— Fethi Naci

"Ne yazsa ilgiyle okunur."
— Cemal Süreya